自閉症
スペクトラム
クラスメートに
話すとき

授業での展開例から障害表明、
そしてセルフアドボカシーまで

第1部　**クラスメートに話すということ**
服巻智子
Tomoko Haramaki

第2部　**友だち理解プログラム** Understanding Friends Program
キャサリン・フェハティ
Catherine Faherty

第3部　**シックスセンスII** The Sixth Sense II
キャロル・グレイ
Carol Gray

エンパワメント研究所

序

　本書を手に取る方は、自閉症スペクトラム（ASD）あるいは注意欠如・多動症（ADHD）などの発達の障害のある人の保護者の方、学校・大学の先生、専門的立場で療育支援やコンサルテーションを提供している方、またはジョブコーチあるいは職場の同僚・上司の方々がほとんどでしょう。そして、それは、ASDのある方と周囲の児童生徒達または同僚の方々との関係において、障害表明がなんらかの役に立つのだろうかと考えを整理したいときなのかもしれません。

　本書の第一部は、筆者が長年にわたる経験から、障害表明の考え方、事前の準備、授業のもち方、事後のフォローアップ等について、上記のような方々の参考になればと考え、書き記したものです。自己認知支援にはいろいろなやり方があるようです。筆者が開発したカリキュラムについてはその一端しか本書では紹介できていませんが、本書の目的である「周囲の人への障害表明」の考え方として、筆者は一貫してASD等発達障害のある子どもたちへの本人告知に始まる自己認知支援カリキュラムのプロセスの一部として位置づけていることは、おわかりいただけると思います。本人告知も障害表明も、本人が自分らしさを確立し、自己肯定感を高め自己決定する力を伸ばしていく人間の成長は重要ではあるが一過程のことであり、自分を大切に周囲と誠実にかかわりながらお互いに成長しあう、適切な自尊心を育む途中経過のストラテジーの一部であると、筆者は考えているのです。そして、それらのすべてを包含する自己認知支援とは、単に専門的知識や技術を越えたところにある、人間としての生き方支援、すなわち、教育の根幹をなすものと考え、この活動を推進しています。

　障害表明をすることを含む本人への自己認知支援とは、その取り組みを通して、発達に障害のある本人ばかりでなく、かかわる周囲のクラスメート、同僚ほか、親も教師も支援員も専門家も、誰もが自分自身の中にある差別や偏見や社会的圧力に負けそうになる弱い心と闘うことで、ともに成長していくことなのです。私たちにできることは、つまり、彼らに寄り添うこととは、ただ守るだけではなく、発達の障害のある本人の成長をあらゆる手を尽くして支援しながらも、本人自身が現実と向き合う心の強さを身につけ一つひとつの出来事を通して自分自身と闘っていく様子を、愛をもって見守り、いつでもどんなときも、強力な味方として、ときに行動で示し、ときには手を出さず、ただただ見守り、本人自身が苦しみながら闘い抜いていこうとする姿を

心の中で全力で応援し、彼らがその結果を誰のせいにもせず自分で受け止めてそれでも前を向いて歩いていくよう、いつでもどんなときでも心を開いてそばで見守ること（普通に接する）ではないかと考え、実行してきました。大人になるということは、自らの行動と決断に責任を負うこと。それは、障害があろうがなかろうが、人として公平な真実です。自己認知支援とは、それをより深く、より ASD の人の学習様式に合うように教えていくことなのです。だからこそ、自分で現実に向き合うことを、支援することを、ためらってはならないと考えるのです。

　2014 年の今は、発達の障害のある児童生徒たちの特別支援教育も完全実施され、インクルーシブセッティングに学ぶ児童生徒が増えました。インクルーシブ環境に学ぶということは、障害の有無にかかわらずすべての子どもがその影響を受けます。集団の力学を考慮すると、双方にとってその力学が良い方向に向くよう、大人の姿勢や教育的なプロンプトが不可欠となります。大学や大学院に進学する生徒も多く、2016 年からは大学での特別支援も法制度化されました。就職においても合理的配慮が合法化されました。2007 年の教育基本法の改正では、特別支援教育の提供には特に診断を必要とされていませんが、合理的配慮を得るためには**合理的根拠**が必要となるため、大学等の高等教育現場や就職においては、支援提供における合理的根拠としての診断の開示は多かれ少なかれ必要となります。もちろん、誰彼ともなく障害表明をする必要はありませんが、少なくとも大学においては教授陣や学生支援課に、職場では上司に、その必要は出てきます。大人になってからはじめてこのような取り組みをするには、本人の越えなければならないハードルは思いのほか高くなっていますので、大人が子ども時代の本人告知と開示にひるんで、先延ばしにすべきではないということもあるでしょう。そういう意味では、本書の総論で述べるように、子ども時代からの段階的な障害表明は、強い心を育みながら適切な自尊感情の発達をも支援することになるのです。

　特別支援教育は、障害や社会的不利を有する子どもたちのためだけにあるのではありません。ともに育つ周囲の子どもたちの人間としてのより深い成長、そして彼らのすべてが成人した時、このグローバルな時代に自分と違っている、いかなる人たちとも協力し合ってより良い社会をつくり上げていく"共存共栄"を真に実現する市民の一人となるように育てることも意図されています。インクルージョンによって、自分と違う仲間や社会的弱者とも、ともに仲間として活動する経験の積み重ねにより、より深い人間理解を進めつつ、差別やいじめ・ハラスメントを許さない個人が育成される

ためには、"違い"を理解するための"説明"は欠かせないものです。

　第2部と第3部は、筆者が障害表明の授業を依頼されたときに活用してきた、キャサリン・フェハティの友だち理解プログラム（UFP：第2部）とキャロル・グレイのシックスセンス（第3部）の授業案の紹介です。授業を提供する相手の発達段階に応じて、両方を柔軟に使い分けたり、あるいは組み合わせたりしますが、近年では主にいじめ防止プログラムの授業（『発達障害といじめ』クリエイツかもがわ、キャロル・グレイ著　服巻智子訳・翻案・解説　2008年）と組み合わせて実施することが多いのです。第1部の終わりには実践事例も載せていますが、実践例としてはほんの一部です。本書には収録していませんが、大学生相手の場合もあれば、教師陣や職場の同僚になってくださる方々向けに実施したこともあります。工夫次第でいくらでも応用可能なのです。皆さんの参考になれば幸いです。

　本書の発行には長い時間を要しましたが、国内情勢における時代の要請が高まるまで待つ必要もありました。旧友で同胞のキャロル・グレイ、キャサリン・フェハティには快く本書のような編纂を許可していただき、感謝します。お二人の先達として時代の先を行く実践（フェハティの実践は1990年から、グレイの実践は1993年から。服巻の実践は1994年から）と、力強い価値観、ヒューマニズムにどれほど励まされたかわかりません。また、こういう実践にはその目的と価値を理解してともに歩んでくださる保護者の方々、教育者や専門家の方々の協力が不可欠です。これまでかかわってくださったすべての皆さんにも感謝申しあげます。なにより、ASDのある本人たち。実践初期の子どもたちはすでに成人しています。彼らの力強い心の成長にふれるたびに胸が震えます。私は彼らの人生を見守るという役割をいただいて、なんと幸せなことかと常に思っています。

　すべての子どもたちとそのご家族、支援者たちが、自分の与えられた人生に翻弄されることなく、しっかりとした価値観・人生観をもち、弱点のある自分をも好きでいて、そして、自分の与えられた人生を謳歌できるように成長していくことを願っています。そして、そんな皆さんと一緒に生きていきたいと心から思います。

2014年12月吉日

服巻　智子

目　次

序　服巻智子 ……………………………………………………………………………… 3

第1部　　クラスメートに話すということ　服巻智子 ………………… 9

第1章　子どもの障害について、クラスメートに話すこと ……………… 10
1）はじめに　10
2）「子どもの障害を表明するといじめが増える」という先入観の間違い　11

第2章　発達障害のある子どもにとって、障害を表明することの意義 …… 13
1）障害表明の利点　13
2）障害表明のデメリット　14
3）クラスメートたちの心理　15
4）周囲の子どもたちの理解と共感性を高めることこそ、究極の特別支援教育！　17
5）Honesty －それは人間関係の基本　19
6）障害表明をすべきではないとき　24

第3章　誰が話すのか？ ……………………………………………………… 26
1）クラスメートに話す役割を担う候補者　26

第4章　小中学校で障害表明をするときの指導例 …………………………… 32

第5章　障害表明実施までの準備と手続き …………………………………… 34
1）障害表明の決断は本人が行うものである　34
2）保護者ときょうだいたちの心構えを支援する　37
3）支援者間の役割分担を明確化する　37
4）クラスあるいは学年の保護者会への対応　38

第6章　友だち授業の実際 …………………………………………………… 41
【実践事例】43

第7章　障害表明後のフォローアップについて ……………………………… 49
1）当該児童と当該保護者のフォローアップ　49
2）クラスメートのフォローアップ　50

第8章　自己権利擁護（セルフアドボカシー）の力を育む ………………… 52
1）めざすのは、自己権利擁護（セルフアドボカシー）の力を育てること　52
2）成長にともなう障害表明のあり方や開示する対象者の変化　53
3）ハードディスクロージャー（診断名を公表する方法）　56
4）ソフトディスクロージャー（診断名を伝えず、特性のみを伝えるやり方）　56
5）実際の適用場面では　56
6）自己権利擁護スキルとアサーショントレーニング　58

第2部　友だち理解プログラム 59
子どもたちに「人と人との違い」について理解を促進し、
共感性を育む教育　キャサリン・フェハティ

日本の先生方へ　60

プランA基本形　「友だち理解プログラム（UFP）」の導入　61

プランBオプション　特別支援教室やその在籍児童について紹介する　62

プランCオプション　クラスメートを理解しよう　62

「友だち理解プログラム」の指導案　63

A.「友だちを理解する」導入　一般論による基本形　63

Part 1　能力　63

Part 2　体験学習　65

Part 3　言語理解のデモンストレーションを観察する「食事の準備を整えなさい」　67

プランB オプション　特別支援学級とその在籍児童について紹介する　70

プランC オプション　特定の（自閉症スペクトラムのある）クラスメートについて理解する　71

■児童書の活用　71

「友だち理解プログラム」準備物リストと体験学習の解説　72

①手先の巧緻性に関する体験学習　72

②視覚のちがいに関する体験学習　72

③触覚等の感覚受容のちがいに関する体験学習　73

④注意集中や聴覚刺激のちがいに関する体験学習　74

第3部　シックスセンスⅡ　キャロル・グレイ 75

目的　76

本時の目標　76

教材　76

所要時間　76

特記事項　76

導入部　77

五感について学ぶ　77

相手の視点に立つことと六番目の感覚（シックスセンス）　78

感覚について相手の視点に立つ体験学習　79

認知のちがいについて相手の視点に立つ体験学習　80

感情についての相手の視点に立つ体験学習　82

社交的な感覚（シックスセンス）に障害があるということは、どういうことだろう？　84

私たちは同級生として、どんな手助けができるのでしょうか？　86

まとめ　88

授業案「シックスセンスⅡ」について　よくある質問とその答え　89

総論　服巻智子 103

第1部

クラスメートに話す
ということ

服 巻 智 子

——第 1 部——

第 1 章

子どもの障害について、
クラスメートに話すこと

1）はじめに

　子どもの障害をクラスメートに話すということについては、アメリカでは 1990 年代半ばにはある程度一般的になっていましたが、日本ではまだ一般的ではありません。特に発達障害の分野では、国内でも専門家の間に賛否両論があり、意見が分かれています。

　そのようななか、著者はノースカロライナ大学 TEACCH 部留学から帰国した 1993 年より 20 余年にわたり、「個性を尊重し合いともに生きる仲間づくり」という方針のもと、子ども（仲間）の障害について率直に話し、それを学級経営の重要な柱とする教育実践を推進してきました。それは、アメリカ留学中に見た、お互いの違いを認め合い、助け合い、育ち合う子どもたちの力強い生の煌めきに胸の震えるような感動を覚えたことがきっかけでした。障害をもつことはなんらその人の命の尊さや存在価値をおとしめるものではないからです。

　発達障害（LD ／ ADHD ／ ASD）のある子どものほとんどが、外見からは障害のない子と見分けのつかないことが多く、親や教師ですら気づかないこともあります。話し言葉も流暢で学年相応以上の学習のできる子どもも多いので、親や教師は、その社会性や対人行動の未成熟さとのアンバランスに戸惑いつつも、「いつかは他の子と同じようになるのではないか」という願いを強くもつあまり、その子の困難や苦悩を見過ごしてしまうことも少なくありません。そのような場合、見かけや学習が「普通」に近いというだけで、その子が対人コミュニケーションに手助けを必要としているということを、むしろ意図的に隠そうとしてしまうこともあるものです。それは、大人なりの心配に基づく結論であるともいえます。

2）「子どもの障害を表明するといじめが増える」という先入観の間違い

　障害表明という言葉は、周囲の人たちに自分の大切なことや秘密を話すときに使われる英語 Disclosure（ディスクロージャー：開示とも訳す）の日本語訳です。筆者は自閉症スペクトラムのある児童生徒や成人の人たちに、「障害について理解を求めるためにまわりの人たちに話すことを障害表明という」と定義して教えています。

　さて、「子どもの障害を表明するといじめが増える」という大人の心配の中には「発達障害は、成長にともなってなんとかみんなに追いつくに違いないから、わざわざ知らせるには及ばない」という強い願いもありますが、「障害を表明すると、いじめられるのではないか」という漠然とした不安のほうが強いものです。それは、その人の経験からくる心配と不安であることは間違いないことですが、実は普遍的な根拠に基づく不安であるとはいえません。

　一般に、人というものは、知らないことや自分の理解を超えたものに対して不安を抱くものです。それは人間が自分を守るため、見知らぬものやわからないものに遭遇したとき、自分に警告を発し、用心するようにできているからです。逆にいえば、内容がわかれば、不安は解消し適切な対処ができるのです。そういうわけで「いじめられるのではないか」という不安は、子どもの障害を知った大人側の心理的な防衛本能からくるものである場合もあって、子ども社会を論理的に分析した結論とばかりはいえないのもひとつの真理です。

　その理屈からいえば、子どもたちも知らない物事に遭遇したときには、警戒し遠巻きにするものです。発達障害のある子どもたちの不可思議な言動は、ときに一般の子どもや大人たちの理解を超えたものであったり常識から逸脱したものである場合があり、周囲の人を驚かせ警戒させます。その場合に発生する相互作用によっては「からかい」や「いじめ」も発生します。ところが、それは相手のことが理解できないためにそのような相互作用に陥りがちだけであり、相手の不可思議な言動の理由やからくりがわかれば、子どもたちは大人が推測する以上にたやすく理解し、接し方を学ぶものです。つまり、相手の不可思議さには理由があり、それに適切に対処すれば、自分が脅かされることはないと理解すれば、それなりの対応を取ることができるのです。

　以上のようなことから、発達障害の子どもの状況や不可思議さの具体的理由とヒューマニズムの精神をクラスメートに伝えることは、いじめを増やすのではなく、

逆にいじめを減らすことにつながるのです。ただし入念な条件整備とフォローアップが必要です。人は感情の動物ですから、感情の波によって、人と人との関係の相互作用の度合いや質が、そのときどきで変化します。そのことは、子どもであっても同じです。というより、子どもたちの感情の発達は、大人とのかかわりを含めた環境によって異なる発達を示します。そして、その感情の発達が社会性の発達とからんで、そのとき出会った人たちとの相互作用の質を短期長期の両面で変化させる重要な要因となるのです。そのため、ある子どもの障害表明の機会には、かかわる教師陣の職員研修はもとより、その子の親と家族との十分な話し合いと覚悟のほどの確認、そして、クラスメートの側の心の成長を促すことを意図した条件整備と教育計画が重要となってきます。

——第1部——

第 2 章

発達障害のある子どもにとって、障害を表明することの意義

「親しい人やクラスメートに自身の障害を表明する」ことには、いくつかのメリットとデメリットがあります。

1）障害表明の利点

ここでは「親しい人やクラスメートに障害を表明する」利点について、アメリカの実践家たちが確認していることに、筆者自身が20余年の教育実践で確認したことを加味して列記します。

①その子自身の言動が訝しく受け取られがちな場合には、その理由の説明をすることができ、得心してもらえる。それにより、理解が広がり、その子どもにとって支持的な状況を創出することが可能となる。

②その子に必要な対人ソーシャルスキルや状況理解の指導計画において、文脈における訓練に、親しい人やクラスメートの積極的な協力を得ることが可能となる。

③その子自身が、自分が他の人と違った特性をもっていることについて、理解を高めることが可能となる。

④その子自身が、自分が他の人たちと違った特性をもっていても、他の人たちの理解の中で助け合って生きていくことができる、という生活実感と自信を高めることが可能となる。

⑤周囲の子どもたちに、自分とは違っている人たちへの理解を高めることが可能となる。

⑥周囲の子どもたちにとっては、違っている人たちへの理解と受容を高めることに

より、自分の個性についての理解と自身の全人格の発達をも高めることが可能となる。

⑦双方にとって、お互いに自分とは違っている人たちへの接し方を学ぶことを通じ、正義感を高め、いじめ撲滅と協調の精神と対人スキルを培うことが可能となる。

⑧双方にとって、多様な価値観を受容する国際的センスを育成することが可能となる。

以上のように、多くの場合、教育者側が十分準備をしていれば、子どもたちには教育効果としての利点が多いのです。ある子どもの障害表明の機会を活用して、学級経営や教育環境をより質の高いものへと高めることは十分可能であり、その成果には教育者側の教育観と教育的センス、そして情熱が影響します。

2) 障害表明のデメリット

ここでは、過去の経験により発生したデメリットについて紹介します。障害表明がうまくいかなかったケースのほとんどが、その子自身の発達の考慮や気持ち、人権への配慮にかけていたり、大人側の価値観に起因するものであったことが特徴的です。

①本人の承諾を得ていない場合、むしろ問題を大きくしたり、本人の自己評価を極端にそこなう。

②本人と家族の承諾を得ていない場合、教育上も人権上も複雑な問題として発展しがちである。

③本人の障害表明を手伝う大人側に、教育方針や考え方、価値観の整理ができていない場合、最終的には障害をもたない子どもたちにも混乱を引き起こす。

④本人の障害表明を手伝う大人側に、教育方針や考え方、価値観の整理ができていない場合、大人側の不協和音を引き起こすことがある。

⑤中途半端な情報で障害の内容が伝わった場合、場面によっては理解のない人たちに拒否にあうリスクがある。

以上のようなことが実際に発生しました。

14

しかし、そのどれもが、障害表明そのものというより、周囲の大人の準備不足や不手際そして、価値観、つまり、教育観や人生観が影響して発生したものでした。このことを十分考慮して、障害表明のためには「人生観および価値観」という、周囲の大人の考え方の整理と共通理解が必要となります。

　また、どのような場合も、⑤にあるような理解のない人たちからの拒否や排除ということは避けられないリスクではありますが、理解のない人たちにも理解を求め続ける怯まない心と価値観をもって接し続けることにより、事態を打開することは可能です。また、そもそも、この社会には理解のない人たちはどこにでも存在する、という覚悟をもって生きていくことも必要です。そういう人たちに出会うことを想定内におき、出会ったときの心構えと対処法さえもっていればよいのです。

　障害表明をするということは、本人ばかりでなく、すべての児童生徒たちにとっても、これからの人生観や価値観を整理し、さまざまに多様な人たちとの遭遇を想定し、自分の生き方、人とのつき合い方、距離のとり方、自分に自信をもつことなどの絶好の機会とすることができます。それは、その子ども自身にとってだけではなく、実は、子どもを取り巻く大人たちにとっても、自身の生き方や障害をもつ人たちとのかかわり方の確認の機会、そして、子どもに教えられるという感動的な出来事を経験することになるでしょう。

3）クラスメートたちの心理

　いじめは減る、とはいっても、なくなるわけではありません。

　筆者の教育実践においても、障害表明をした自閉症スペクトラムのほとんどすべての児童生徒の報告によれば、適切な指導のもとであれば、平均的にいじめのほぼ8割が減っています。しかし、どんな場合にもその「8割」以外のいじめが存在するのです。人間は感情の動物だからです。残りの約2割のいじめを行う子たちとは、どのような子どもたちでしょうか。障害表明のあともいじめ行為をやめないということは、相手が社会的弱者だとわかっていていじめをするのです。そこには、そのいじめをする子の意思と意図が間違いなくあるといえます。もっといえば、相手が社会的弱者だとわかっていていじめをする子は、その子自身がなんらかの問題を抱えている子だということができるのです。

第1部 クラスメートに話すということ　15

そういう子どもたちのほとんどが、家庭環境あるいはなんらかの理由により、心理的に満たされないためにすこやかな心の成長が阻まれている可能性のある子どもたちです。家庭環境の問題、特に親子関係がうまくいっていない場合も推測されます。そして、そのような子どもたちの場合、同じクラス（学年あるいは学校）の同じ子どもが障害をもっているという理由で、手助けするためにその子の「親」が出てきて「本人は障害という社会的不利をもっているので、皆さん理解してください。手伝ってください」とその子の代弁をする、という愛情に包まれた状況を目の当たりにしたときの心理はどのようなものかを考えておく必要があります。ほとんどの場合、そのような子どもたちは、他の子が家族や親の愛情に包まれた様子を知ると、言葉にできないほどの嫉妬や、自分でも自覚できないほどの強いネガティブな感情を抱くようになることがあります。「自分にないもの、自分が欲している大人の温かい愛情をあの子はもっている」という点のほうが強調されて感じられ、心がかき乱され、自分でも手に負えないほどの妬みに翻弄されることになります。

　このようにして、家庭でも学校でも、その子は大人の配慮の足りなさによって、心理的に追い込まれてしまうのです。そうなった場合には、その激しい感情をどこかに放出しないと自分がつぶれてしまうので、子どもたちは自分の中のバランスを保つために、そのネガティブエネルギーを放出する行動に出ます。それが、何かの趣味やスポーツに没頭するということならばまだ健全ですが、社会的に発達が未成熟な段階では、感情を抑えられないで、弱者をターゲットにしていじめ行為に走ることがほとんどです。「理解して守ることの必要な子ども」であり「助けてほしい」と大人に頼まれたあとだからこそ、むしろ、そんなに大人に守られている子どもをターゲットに感情をぶつけたくなり、大人に隠れていじめ行為をするようになるのです。

　そこで筆者は、障害表明を実施することになった場合には、その学校の先生方を対象に、この心に問題を抱えるグループの子どもたちの存在について、あらかじめ知らせておくようにしています。クラスの中のどの子どもたちがそのグループに属するか、あるいは、そのような心理状態にあるかどうかは、障害表明をきっかけに浮き彫りとなるからです。それを見極めて、障害表明後にも、こうしたグループの子どもたちに、特別に配慮した学級経営や個別の配慮を展開する用意をしておいていただくようにしています。この子たちこそ、教育者や教育のプロによる心のケアが十分すぎるほど必要な子どもたちだともいえるからです。

たとえ、障害表明後にいじめをしなくなる子どもたちの中にも、親子関係や環境において愛情に心満たされないでいる子どもも存在します。そのような子どもたちが、いじめに走るかどうかは、学校での出会いや、取り巻く子ども集団の中での相互関係にかかっています。発達途上の子どもたちは、このように多様な要因によって、お互いの相互作用が常に流動する危うい関係の中におかれているのです。

　そのため、ある特定の子どもの障害表明にあたっては、そういった子どもたちの存在を想定したうえで障害表明の実施者を選定し、また、その後のフォローアップにかかわる学級経営と教育計画を同時に綿密に立案しておくべきなのです。

４）周囲の子どもたちの理解と共感性を高めることこそ、究極の特別支援教育！

　文化を問わず人類史上における長年の障害のある子どもたちの教育に関する研究、およびインクルージョンの研究の双方において、障害のある人の発達と社会人としての協調的ポジティブな社会参加には、周囲の理解ある対応と受容とのかかわりが鍵である、ということが長年にわたっていわれてきましたが、21 世紀に入ってからのエビデンス検証型研究でも、そのことが強調されるようになってきました。

　科学的検証によるエビデンスを強力に推進するアメリカにはさらに進んだ研究があります。カリフォルニア大学サンディエゴ校のコニー・カサーリ教授は、「60 名の自閉症スペクトラム障がい（ASD）の学齢児を 15 名ずつ 4 つのグループに無作為に分け、①本人に対するソーシャルスキルトレーニング、②周囲の子どもたちに対するピア・サポートのトレーニング、③両方を行う、④いずれも行わない、の 4 つの異なる対応を 6 週間行った後、3 か月間の追跡調査を行いました。3 か月後の結果は、②および③で ASD 児の他児との関係やソーシャルスキルは有意に改善し、孤立する程度は減少、②と③の効果はほぼ同じでした。①は④と同等で、①だけでは効果は見られなかったというものです。これらの結果は、学齢期にある本人に対するソーシャルスキルトレーニングだけではなく、周囲の子どもたちの理解が本人の社会性を育てるために効果的であるということを示唆しているといえます（C Kasari et al. "Making the Connection: Randomized Controlled Trial of Social Skills at School for Children with Autism Spectrum Disorders" *Journal of Child Psychology and Psychiatry* 2012;53:431-439）。対人コミュニケーションを中核障害とする ASD においては、本人の努力には限界がある

がもちろん伸ばすことは可能であるけれども、周囲の子どもたちの理解と適切な対応があれば、限界点をさらに引き上げもっと伸ばすことができるのです。

　筆者もまた 10 年以上にわたって、障害表明が行われた学級・学校の周囲の子どもたちの向社会性および共感性について、どのような変化をするか、そしてそれは維持されるのかについて研究を続けていますが、ある小学校では障害表明の行われた学級の全員の子どもたちの共感性が向上したことを示しました（『クラスメートの障害表明が通常学級の定型発達児童の教育効果に与える影響についての一検討　－発達障害児の障害表明授業「友だち授業」が定型発達児童の共感性と思いやりに与える影響の検討－』特殊教育学会、2012）。本研究では、自閉症スペクトラム障害のある A 児童とその家族の了解や事前学習が可能で、学校全体の了解が得られ担任団との事前研修会のできた B 小学校の 5 年生全員を対象に、クラスメートの障害表明が定型発達児童生徒全体に及ぼす影響について検討した結果、アンケート 1 回目（プレ）と 2 回目（ポスト）の平均値に差がみられるかについて対応ある t 検定を実施した結果、1% 水準で有意差がみられ（t(111)=4.195, p< .01）、2 回目（ポスト）の平均値が高い値を示しました。これは、障害表明の授業の結果、子どもの共感性が有意に上昇したことを示します。

　また、AMOS を用いた共分散構造分析を行ったところ、「他者への関心」「思いやり」「他者への行動」「感受性」「友だち関係における経験」における相関では、友だちとのポジティブな経験とネガティブな経験の双方が、現在の子どもたちの他者の気持ちへの感受性や思いやり行動と相関関係にあるということもわかりました。

　子どもたちの自由記述から得たアンケートによると、事前には「絵が上手」「面白い」と個性を認める一方で、「○○さんは怒りっぽい」「わがまま」などの記述が圧倒的だったが、事後のアンケートでは「○○さんが怒る理由がわかった」「○○さんがイライラしたときの接し方がわかってホッとした」「怒りを爆発させた後、○○さんも反省していると知って仲間になれると思った」「○○さんの手助けをしたいと思う」などという感想に変わっていた。事後 1 カ月後のコンサルテーション時には、クラスメートたち自身からも「○○さんとの遊び方がわかった」「一緒に遊ぶ機会が増えた」「トラブルになっても回避ができるようになった」と報告を受け、当該児童本人からも「トラブルは激減した」との報告がありました。担任の先生も「当該児童への配慮が贔屓ではないという理解が学級に広がり、子どもたちが当該児童をめぐって、担任とも協

力しようという空気が高まったと感じる。子どもたちの間に立って困惑する事態はなくなった」との報告を受けました。

この研究は一事例研究で予備研究の位置づけではありましたが、それでも臨床的には同じような結果をどこの学校でも得ています。しかし、子どもたちの共感性が学級全体で維持されるには、学級担任の学級経営が大きく寄与するのです。担任の先生の考え方・方針にも障害表明にかかる取り組みへの積極的な協力が重要となるでしょう。

1994年のサラマンカ声明により、インクルージョン教育が叫ばれ、世界中を駆け巡りました。日本でも21世紀に入り10年以上が過ぎた今、インクルージョンの用語は当たり前のように聞かれます。インクルージョンとは何でしょうか。「万人のための学校」の必要性を認識して、サラマンカ声明によると、それは、学校はすべての子どもたちのために、場所的には極力統合しつつ、特別な教育的ニーズをもつ児童生徒、障害児ばかりでなく、文化的・民族的マイノリティ、経済的なハンディキャップがあるなどの子どもたちに対して個別に必要な教育を普通学校で施すこと（インクルージョン）で実現するのである、と提唱しています。すなわち、インクルージョンはとりもなおさず、われわれの社会において平等な社会を実現するべき次世代である今のすべての子どもたちに、教育現場でマイノリティ（少数派）の子どもたちをお客さんとしてそこにいさせてあげるのではなく、仲間として一緒に遊び学ぶことを通して、マジョリティ（大多数）側の子どもたちの心の教育を行っていくことなのです。それによってはじめて、彼らが大人になってから社会人として、その地域の価値観と文化を望ましい方向に変えていくことができると、私は考えています。インクルージョンにおける定型発達の子どもたちへの教育、これこそが、多様な人々で構成する平和な共存共栄社会の構築につながる最も強力な道であろうと考えています。

5）Honesty ── それは人間関係の基本

ほとんどの子どもたちは早くから周囲の人たちの「本音」と「建て前」を敏感に感じて育っていきます。大人の言動は自分に大いに関係があるので、大人の差別感というものは、大人自身が気づいていない部分で鋭敏に察知しているものです。障害と向き合うことについても同様です。

子どもの目には、自分の周辺に存在する大人が、身近な弱者たちにどういう接し方

をしているのか、どういう言動をしているのか、良くも悪くもロールモデルとして映っています。テキパキとできない人に対して、物忘れをする人に対して、がんばっても勉強がうまくできない人に対して、思わず悪さをしてしまう人に対して、やや話すのがゆっくりな人に対し、物事に消極的な人に対して、失敗の多い人に対して、高齢者に対して、などなど。あるいは、誰かの陰口を言わないでいるかどうか、何かの八つ当たりをするかどうか、ムシャクシャしたとき感情コントロールができるかできないか、イライラを顔に出すかどうか、よく知らないのに知ったかぶりをする教師、自分の間違いをすぐに認められずカッとする教師とか……。大人のそういう部分は、子どもたち自身の生活や利便性に影響するので、子どもたちは本当によく観察しているものです。そして、高学年にもなると、その部分で大人、特に教師陣について自分たちなりの評価をもっています。ですから、大人が障害のある人たちや高齢者について授業で「親切にしよう」と言ったり「いじめは止めましょう」と言ったりすることが、子どもたちには嘘っぽく響くことは、よくあるものです。

　筆者がASDの子どもたちに対し、早い年齢で本人告知をする方針であることはよく知られていることです。これについて非常に多くの専門家から反対され批判もされてきましたが、筆者は人間教育の観点から本人告知をスタートとするその後の自己認知支援カリキュラム開発をしており、長い時間をかける自己認知支援のその教育効果の高さから、この方針を曲げることは今後もありません。

　本人告知をするのは自己認知支援カリキュラムのスタート、というばかりではありません。自分についての事実を事実として受け止めて率直に話し合っていく、という人間関係の基本を、ひとりの人間としての大人がひとりの人間としての子どもに率直に伝え、誠実にリスペクト精神をもって接していく、という相互交渉の中でお互いに育ち合いながら、ぶれない軸としてその姿勢を大人が見せながら子どもの中にはぐくんでいく、という重要な教育だと考えているからです。障害表明を、そのカリキュラムの重要な一部として位置づけているのです。

　Honesty（誠実で正直であること）は人間関係の基本のキです。自分に障害があることを誰も話してくれないなんて、あとで知った本人はどういう気持ちになることでしょうか。子どもたちは生き方を学ぶのに時間がかかるものです。いったい誰がこの

事実と向き合う手助けをするのでしょうか。私は多くの成人当事者の方々の支援もしています。自分にとって大切なことを身近な大人から長年にわたって隠され続けてきた、という事実のほうが重大に感じられ、重くのしかかり、それまでの人間関係や家族関係がガラガラと音を立てて崩れていった、という成人の方たちの話をよく耳にします。イギリスのオックスフォード大学哲学科を卒業したASDのクレア・セインスベリは「ASDという障害があることがわかってホッとし、自分解明とこれからの生き方への希望を見出したと思った直後に、親がそれを知って涙したり、隠そうとすることや教師たちが自分をかわいそうな子という目で見るようになった。そういう大人の反応の方が断然ショックだった」と報告しています。それは、何も自閉症スペクトラムのことばかりではありません。養子縁組やドナーチャイルドなどでも、大人がよかれと思ってひた隠しにしたことを、大人になって知った本人の衝撃はそれまでの人生を完全否定されたと感じるほどであるといいます。その後、人間不信に陥り、よかれと思った周囲の大人の気持ちとは裏腹に、お互いの関係に取り返しのつかない深い溝を生んでしまうこともあるといいます。大人が隠す／隠そうとするのは「隠さなければならないほどに障害はよくないことで、社会の中で認められないことなのだ」というメッセージとして、子どもたちに伝わってしまうのです。それは大人の意図するところではないはずです。

　本当にその子のことを思うなら、その事実は誰にもどうにもできないことであるなら、一人の人間として誠実に（Honesty）に伝え、予想される困難や、また、立ち向かい方、信じて寄り添ってくれている人たちがこんなにたくさんいる、そして、その事実をふまえたうえでもよりよい人生は構築できる、と伝えるのも教育の役割だと筆者は確信しているのです。そして、本人の意思を確認しながら、また、意思を明確にでき自己決定できるように教育支援しながらガイダンスを提供するようにすべきです。

　私たちは皆同じ人間です。人には人生は一度しかないのです。与えられた状況下で、よりよい、後悔の少ない生き方をしたいのです。それを、たとえ親であっても、自分で考え自分で決める機会を奪わないでほしい。Don't talk about me without me！（私のいない＜知らない＞ところで私の話はしないで！）アメリカで障害者の基本的人権を訴える運動が起きた時の名言です。障害のある人のための支援会議でも、その人は自分がどんな支援を提供されるのか、選択肢はあるのか、自分で選べるのか、そういったことを何もかも「よかれ」と思う支援者たちばかりであっても、その人抜きで話し

合うのは間違っている、本人抜きで意志決定してはならない、という当事者たちの主張です。この主張ができるようになるには、自分が何者か、自分にはどんな長所がありどんな弱点があって、長所を生かすためにも弱点には手助けを借りる必要がある、とどんな子どもにも、それらを冷静に見つめる力のあるように育って行く権利があるのです。子どもの権利条約でも認められた子どもたちの権利です。

　このようにアサーティブな自己主張や振る舞い方ができるようになるように育成するためには、早い段階で障害があるという事実について大人が正直・誠実に接し、ていねいに辛抱強く教えていくことが肝心です。ただ、本人とその障害の事実について情報シェア（告知）したからといって、直ちに周りの人たちにも告知する、ということではありません。筆者の場合、まずは自分と家族がよく理解し、自分でも説明する自信がつくまで、家族や信頼できる先生たち以外には話さないように、と教えています。それは、人間は未知のことや自分に理解できないことに遭遇すると反発したり拒否したりする特性があるので、障害を人に告知するときには十分な説明が必要となるからだ、自閉症があることはなんら恥ずべきことでもないし隠すことでもないが、そのような人間の特性から機が熟すまでは話さず、機が熟したときには最大限の効果を生む状況設定をしようね、と（その子の発達段階や認知レベルに合う言葉を用いて）説明しています。だから、今は、自分のことをもっと勉強して、説明するための知識や技術を伸ばすことが先決だね、と。そして、本書で述べているように、本人の意志とその周辺の両方の状況が整うまで待つようにします。その両方が整うことが重要なのです。

　誠実さ。それは、教育だとか特別支援だとか以前の、人間関係の基本中の基本です。子どもたちは、身近な大人には、自分の大切なことについて、誠実に正直に接してもらいたいのですし、隠してもらいたくない、辛いこともあるけどいつもそばにいて、一緒に歩いて生きていってくれるという姿勢を示してもらいたい、と強く願っているのです。

　ですからその期待に応えるために、大人は、子どもの障害という事実に真摯に向き合わなくてはなりません。隠すことがよかれという気持ちからであっても、子どもには隠さなければならないほどよくないことなのだという気持ちをもたせないよう、断固とした姿勢をもって配慮しなければなりません。障害があること、それがいったい

なんだ！という姿勢をもたなくてはなりません。子どもの障害と向き合う、隠さない、というのには、勇気が必要です。多くの大人が、この勇気をもてなくて、「障害があるとわかるといじめられるのではないか？」という言葉に逃げています。実際には、障害があるとわかるといじめるような病的な人もいるかもしれないけれども、何か自分にできることはないだろうかと思う健全な人のほうが多いのです。子どもの心の成長と環境の安全性を保障することと理解ある人たちを増やすためには、この子を守りたいと思っている大人であるならば、今こそ、この現実にひるんではならないのです。そして、この事実に向き合い、自分の障害をあるがままに受けとめ、それでも愛して信じてくれる大人がこんなにたくさんいる、とその子が感じ取り安心できるように、何度も話し合いなんでも質問に答え、涙を流すようなつらい経験のときには寄り添い黙って抱擁し、動揺せず落ち着いている姿勢を見せてあげたいものです。どんな状況でも自分は自分のままで愛してくれる人たちがいる、だから自分は生きていける、と心強く思い、その子自身が自分の足で立って、自分の人生に立ち向かっていく勇気をもつために、大人の心理的具体的支援が、教育として、必要とされているのです。

　大人が生き方や価値観を、身近な生活の中で言動で示していく大人が手本という教育を、Hidden Curriculum（ヒドゥンカリキュラム）と言います。差別やいじめの教育でよく使われる言葉です。差別やいじめは、大人がロールモデルとなっていることがほとんどです。障害表明をスタートに、差別にはひるまない、差別をするほうが間違っている、からかいやいじめは断固として許さない！正しい生き方はこれだ！という崇高な価値観を私たち大人が示していくべきです。気持ちのもちよう、そして、仲間づくりとセイフティネットワーキングをしていきましょう。どんな状況下に生まれたとしても、自分次第で人生はどのようにも変えていける、と私たち大人の姿で見せていこうではありませんか。

　本人への告知、そして、その子の障害表明、とは、このように、かかわる大人の価値観と立ち向かう覚悟のほどが試され、また、大人側のほうこそ人間として成長する機会でもあるといえるのです。

第1部 クラスメートに話すということ　23

6）障害表明をすべきではないとき

　障害表明を検討する場合に重要な検討課題の１つは、時期の検討です。

　障害表明を検討するには、発達年齢以外にも考慮点があります。別の項でも述べたように、本人の意志決定と関係者全員の同意があることが理想です。関係者の中には賛同しない人もいるでしょう。本人の意志が最も重要とはいえ、関係者が、表明後の周囲の人たち、特に、学校の場合は生徒たちの心理的サポートをすることになります。その必要性とメリット、そして、当事者である本人の心の成長と発達支援のために、大人が協力し合うことについて説明し理解を求めるプロセスも必要となるかもしれません。結果的に、発達の障害を抱えて生きていく本人の生き方支援となるわけですから、周囲の大人はサポートを担当する以外に選択肢はないのですが、そこに意見の齟齬を見たままではよい結果を得るのは難しくなるでしょう。また、本人自身が表明したいと言い出しても、表明後の他生徒や同僚のフォローアップ体制の準備や計画について確認をしないまま推進するのも、最大の良好な結果につながらない可能性が高くなります。もちろん、家族全員の心構えも必要ですし、本人自身も、表明したからといって、すべての人が同じように受け止めたり考えたりしないことについて十分理解する必要のある発達段階にいる場合もあります。以上のような場合には、筆者は時間をかけて準備を進めるようにしています。

　また、学校の先生たちが子どもに障害表明をさせたい、という要望を出される場合があります。これにもいろいろなケースがあるのですが、ASD や ADHD の生徒が不適応の結果として行動障害を呈している結果として学級経営・学校経営がうまくいかなくなっている場合に、「周りの児童生徒に、その子の障害を説明して理解を求めたらうまくいくのではないか」と考えて、障害表明を提案なさる場合が多いのです。筆者はこのような場合は、もっとも避けるべきであると考えています。このような場合に最初に行うべきことは、その生徒の適応状況を好転させるべく、徹底した環境整備や本人の思考や感じ方に合う教育技術の提供がなされることが先決であり、それらを個別の教育支援会議（IEP）と校内委員会で検討し、全教師が一丸となって、本人の安全を確保すべきです。本人が行動上の問題を起こしているときの一番の原因が、不適応＝教育環境が適していない＝本人が学校を安全と感じていない、という場合なのですから、その点を最優先に取り組むべきです。また他の生徒たちにとっても、その

生徒の行動上の問題は不安や混乱を巻き起こします。しかし、最も他の生徒たちに大きな影響を与えるのは、教師陣が混乱しうろたえ人間として愚かな姿を見せつけられることであることを覚えておかなければなりません。ですから、本人が安心して落ち着いていられる環境づくり・支援方略づくりを外部の専門家にも協力を要請して（特別教育支援ネットワークをフルに活用）徹底して行うこと、そして、その生徒が落ち着いていられるような方略を構築してから、その後であれば、保護者や他の専門家との個別の教育支援会議において障害表明を検討し、なぜこの生徒に特別な対応が必要なのか、この生徒はどういう状況であれば落ち着いて学校で過ごせるのか、周りのみんなができることは何か、などを（本人、保護者、専門家の同意のうえで）ていねいに説明することが肝要です。子どもたちは年齢が低くても大人の様子をよく観察しているものです。大人がなんの手だてももたずに、障害のある子の行動上の問題を障害と結びつけて説明することは、大人が指導力・管理力をうまく発揮できない理由をその子の障害のせいにしていることを、定型発達の子どもたちは敏感に感じ取り、そこに「障害はよくないモノ」という固定観念や差別感を生む要因となるのです。スケープゴートです。それは教師陣の望むところではないはずですから、まずはその子のためにできることに力を合わせ、プライドを捨て連携において構築することです。子どもたちは仲間の子どもの大変さはとっくにわかっているので、教師陣の誠意ある行動、その後のていねいな説明（障害の説明はしても、障害によって排除するのではなく、みんなで協力し合って仲間としてやっていくこと。大人はそのための重要な役割を果たしているなど）により、子どもたちは安心し、大人への信頼も高まります。大人は自分たちの仲間に何かあったときに、一生懸命対応してくれるのだということを、こういった誰かのケースを通して学ぶのです。これが、他者のことを見て自分に立ち返って思考することのできる定型発達児童生徒の発達のすごさです。その彼らの理解力、観察力、価値関係性の大事な発達期に遭遇しているわれわれ大人は、より慎重に彼らの発達的影響を考慮して行動していくべきでしょう。

　なお、特定の児童生徒の障害表明とは別に、特別支援学級やリソースルームの存在について児童生徒に説明するのは、可能な限り、各学級担任が日常の中で折にふれて、さわやかにさりげなく取り扱うのが望ましい場合も多いでしょう。説明の仕方は各学級担任の個性による場合も多いので、大人が手本というヒドゥンカリキュラムが最も大きく影響を与える瞬間となるでしょう。

——第1部——

第 3 章

誰が話すのか？

　クラスメートに、クラスの中のある子どもの障害表明をすることに決定した場合、「誰が話すのか」という選定は、実はその後の展開に非常に重要な意味をもちます。

　前章で述べたように、ある子どもの障害をクラスメートに話すということは、障害をもつ子ども自身の心の成長ばかりでなく、クラスメートの側の心の成長をさまざまな面から促進する絶好の機会となります。そのため、障害表明のあとの指導が重要です。その後の指導のために、道徳や特別活動といった領域の指導ばかりでなく、日々の学級経営をはじめとする教育実践のための入念な準備と計画をもっていることが重要な鍵となります。すなわち、クラスメートへの障害表明を実施するかどうかは、障害をもつ子ども側の実情によって決断されることが多いのですが、その実施にあたっては、障害をもつ子どもの側の自己認知の実態を十分ふまえた教育目標を立てるのと同時に、クラスメートの側の特性と実態を十分把握したうえで、クラスメートたちのための教育目標の設定と指導計画も同時に必要となるのです。そのため、クラスメートに話す役割を担う人は、クラスメートの側にとって、もっとも効果的な人を選ぶべきなのです。

　ここでいうクラスメートとは、すべて発達のうえで問題のない子どもたちだと仮定して議論を展開することにします。

1）クラスメートに話す役割を担う候補者

　候補者としてあげられる人には、次のような人たちがいます。

　担任教師、その子どもの親、特別支援教育コーディネーター（以下、SENCOと表記）、外部の専門家、その他の関係者。

これらの人々の誰に依頼すべきか、クラスメート側から見た特性を分析したうえで決定する必要があります。筆者の経験からいって以下のような考慮点があげられます。

①担任教師の場合

　多くの場合、子どもたちに日々直接影響を与える存在として、担任教師が適任ではないかという考えは、一般的によく聞かれます。しかし、実際には、担任教師が実施するには、かなり大きな落とし穴があります。

　それは、子どもたちは思いのほか、大人のふだんの言動を観察しジャッジしている、ということです。それは担任教師に対しても例外ではありません。つまり、担任教師がふだん子どもたちにどのような価値観で接しているか、学級経営を行っているかということが、大きな要因となって障害表明後のクラスメートの心に影響を与えるのです。小学生や中学生といった年代は、心身ともに急激に変化し、大人の生活への姿勢を見たりしながら自我に目覚め、自分自身の価値観を築きあげていく時期に入っています。あまりの急激な変化のため、大人に対して非常に批判的であったり反抗的であったり、という不安定さをはらんでいる時期でもあります。

　もし、その担任教師の障害をもつ子どもや社会的弱者に対してのふだんの発言や言動が本質的な人間理解に基づいており、正義と平和を生み出すような生活実践をしているのであれば、なんの問題もないでしょう。具体例としては、日々の教室内での言動も分け隔てなく、また修学旅行先など校内外でも裏表なく弱者に対して子どもの見本となるような言動をしているか否かという教師の日常的な生活姿勢や人生観が重要なポイントとなります。子どもたちは教師を身近な価値判断の対象として見ており、たとえ小学校低学年であっても、大人の心の矛盾を直感的に感じ取る天才だからです。第3部で「シックスセンスⅡ」という子どもの障害表明のための指導案を収録していますが、その考案者であるキャロル・グレイも、そういう担任であれば、「シックスセンスⅡ」という障害表明のための授業を実施するのに適任だろうと述べています。そのような人としての信頼を集める人格をもつ教師が、ある子どもの障害表明を手伝えば、クラスメートは担任のふだんの言動に矛盾を感じず、自然な理解が生まれ、その後のフォローアップにおいても担任を手本としながら、よりよい社会性を身につけ、自分の考えで社会的弱者への接し方を決断し、いじめにも立ち向かうことのできる人として育っていくことでしょう。

一方、本人にはそのつもりはなくても、クラスの子どもたちに「大人の矛盾」を感じさせたり正直ではないと感じさせる言動を取ってしまっている教師の場合、まったく逆効果となることが多いものです。具体的には、日々の教育実践で教師が字を間違ったり、子どもたちに言ったことを忘れていたりなどというささやかな失敗の場合でも、素直に自分の過ちを子どもたちに認めたり、正直な言動ができているか、分け隔てがないか、子どもたちはきちんと見ています。また、社会的弱者への対応、いじめ行為の報告があった場合の取りあげ方や対処法などの場面で言行一致しているかなどについても、子どもたちは直感的に把握して教師をジャッジしているものです。そういう教師は「本音と建前は違うもの」という価値観を日常的に教えてしまっているわけですから、子どもたちは自分たちが担任をどう見ているか、信頼しているかどうかということも、すでに言葉で表現しようとしなくなっているものです。つまり、本音と建前を分け表面上だけは従順であるよう「担任から」学習しているのです。

　ある人が障害表明するということは、生き方の根源にかかわる問題でもあります。そのことを、子どもたちは直感します。子どもたちの側が担任に対して「人間観」や「平和と正義」という価値観において信頼をおくことができていない場合、あるいは、教師側は一生懸命であっても子ども側が冷静に教師の「本音と建前」を見つめているような場合には、担任がある子どもの障害表明を手伝っても、その瞬間、クラスメートの心中の反発心をあおることになります。その結果、第一義的な目的である「違っている子・社会的弱者への理解と支援を促進する」どころか、その教師がその言動の矛盾を通して言外に強調してしまった「人としてのあり方」を冷めた目でとらえるようになり、その後のクラスメート側の事後指導もうまくいくことはありません。

②障害表明をする子どもの親の場合

　小学校などで、ある子どもの障害表明を実施する場合に、その子の親がクラスメートに説明することを依頼されたという話をよく聞きます。筆者が把握している情報では、担任や学校長から依頼されたという場合もあれば、その子の親自身が自分でやったほうがよいのではないかと判断した、あるいは、親自身がやりたいという強い希望をもっていた場合もあったとのことでした。

　実は、ASD のある子の行動上の違いや学級での集団行動の困難を担任教師が抱えきれず、親に託してしまうケースが一番多いと聞きます。それでは、学級の子どもた

ち全体への教育の方針をもたず、学級経営がうまくいかず破綻を期していることの原因をその子に課す、すなわち、障害があるということでスケープゴートにされてしまう、ということになります。これは教育現場としては、学校側がその子の人生を潰してしまいかねない、言語道断な問題といえます。そうならないよう、メリットを最大限にするための計画と準備を入念に行うことが肝要で、教育者側の見識の高さが求められる部分であります。

　確かに、その障害をもつ子の得意なことの説明や、支援してほしいポイントなどの実情の把握は、親が一番よく知っていることが多いものです。

　しかし、その子の親が障害表明のためにクラスメートの前に立って話をする場合には、次のような問題をはらんでいることを念頭においておくべきです。

　第2章で述べたように、入念な準備と指導計画のもとで行われる障害表明は、クラスメート間に深い人間理解の基礎を培い、いじめは確実に減ります。積極的なピア・サポーターとなって教師以上の適切な支援者となってくれる子が増えることもあれば、目立った中心的な支援者とはならないまでも、その子との距離を保ちながらも、けっしていじめもしないで、必要なときにさっとさり気なく手を貸してくれるようなクラスメートとなってくれる子どもたちも増えていきます。積極的なピア・サポーターが多数増えるよりも、実は、このようなさりげない手助けを必要なときに提供してくれるクラスメートが増えるほうが、さまざまな学習活動の展開がポジティブで安心できるものにつながります。

　一方で、障害表明後、いじめが激減するとはいえ、親が説明者となった場合、継続していじめたりからかったりする子どもたちが存在する率が高まるのも事実です。そのリスクを少しでも低くするためには、かかわる大人が信頼できる関係をもっていること、そして、その子どもを中心として、子どもたち全員にかかわる立場の大人が公平中立であることが伝わるようにすることです。また、その子の障害が特別扱いされる正当な理由であっても、その特別扱いが「えこひいきではない」という公正さと正しさを伝えることも肝心です。その場合、第2章でふれたように、家庭環境や親子関係で自分を取り巻く大人たちとの良好な心満たされる関係をもちえていない子どもたちの心に配慮し、その子たちにも理解が進むような形で障害表明が実現するためには、親の登場は避けたほうが望ましいと思います。小学校中学年以上になっていれば、間違いなく親でない人を選定したほうが望ましいし、低学年であっても、クラスメート

第1部 クラスメートに話すということ　29

たちの心理状態に配慮することは当然必要です。小学校高学年以上や中学生であれば、親が登場すれば「親がかりの甘えん坊」という認識をもたれてしまい、対等な友人関係を築く対象として見なされなくなることも多いのです。すなわち、その子どもの親に話してもらうのは、よほど特別な状況に限られると言わざるを得ず、筆者はお勧めしていません。

③ SENCO や管理職の場合

その学校の SENCO や管理職といった立場の人たちは、担任教師よりも、日々子どもたちと接する機会が少ないので、担任教師がはらんでいるリスクは低くなります。また、その先生が子どもたちに人気のある人であるならば、出会う大人によって影響を受けやすい年代の子どもたちには、非常に効果的でしょう。SENCO や管理職側も、指導実施にあたって、学級の構成メンバーの特性や学級集団としての特性の情報も的確に把握しやすいので、準備段階ではうまくいくかもしれませんし、事後指導も的確に実施することが可能です。

しかし、その逆も考えられます。SENCO や管理職が実施する場合は、その学級（学年あるいは学校）の子ども集団の特性を十分把握し、SENCO 自身の特性との相性によって決断することが望ましいでしょう。

④学校外の専門家の場合

学校外の専門家として考えられるのは、センター校のコーディネーターや特別支援教育の巡回相談担当者、あるいは、特別支援教育システムにおける教育委員会が組織する専門家チームの人たち（学識経験者）です。外部講師による「投げ込み単元」として特別授業の位置づけとなります。

これらの人たちが実施する場合のリスクとしては、子ども集団の特性の把握が十分できにくいこと、それを補うには事前の入念な打ち合わせがあればよいのですが、その時間と機会が取れるかどうか、ふだん子どもたちにふれ合っていない人であれば、障害表明の授業で使用する用語が子どもたちに理解できる言葉を選択して使用することができるかどうか、などがあげられます。教師は職業柄、子どもたちの興味をひきつけながら新しい概念や価値観を教えていくプロです。それに引き換え外部の専門家は、言葉の使い方が難しく、子どもたちには理解できない場合もあるし、単調な話し

方で子どもたちの興味をひきつけることができなければ、「友だちの違いを理解する」という新しい価値観の獲得に導くことは難しいでしょう。

　一方で、もし、それらのリスクを補う準備が入念になされ、担任や学校側とクラスメートたちと障害をもつ子それぞれに対し、事前・授業の最中・事後指導で役割分担をきちんと担い合い、連携がうまく機能すれば、こういった学校外の専門家に「投げ込み単元」のゲストスピーカーとして登場してもらうのは、子どもたちに新鮮な感動を与えることにつながります。また、このような条件が整えば、学校外の専門家は、対人スキルの発達期の子どもたちの複雑な心理に配慮することができ、大人をジャッジする傾向をいたずらに刺激しないで、必要な情報と正しい理解を伝えるもっとも有効な方法になりうることを筆者の経験では確認しています。

　このような外部特別講師による投げ込み単元は、また、すべての児童生徒にとっての、キャリア教育のイントロダクションともなりえます。筆者は毎回自己紹介のときに、自分の職業を説明し、その後の授業展開では子どもたちの心に響くドラマティックな工夫を凝らすように努めています。すると、ほぼ毎回のように、筆者のような仕事に就くにはどうしたらよいか、とか『子どもの心を健全にはぐくむ手助けをする仕事』に興味津々になって話をしにくる児童生徒がいます。学級担任にとっても、このゲストの外部講師の存在をその後の学級経営にも生かすことが可能です。

　以上のような理由から、筆者自身はこの方略を最も強く推奨しています。

—第1部—

第 4 章

小中学校で障害表明をするときの指導例

　ここまで論じてきたように、学齢期に障害表明をすることは、表明をする子どもや家族にとっても、受け止めるクラスメートの側にとっても、そして、それに関与する大人＝教育者側にも、それぞれの価値観の揺れと新しい人生観確立の機会となる大きな出来事です。「みんなちがって、みんないい！」それが真実であるならば、そして、それを実践するならば、真の意味での人間理解と人格形成ができ、そして、友という存在、そして、自分の在り方をよく考えるきっかけとなるものです。そういう総合的な観点から、筆者はこの障害表明の授業を「友だち授業」と名づけ、これまで20年余にわたって実践してきました。

　筆者の場合、小中学校である特定の子どもの障害表明をする場合は学校と連携して、授業として実施します。その授業を、特別活動や道徳などの領域指導の一環とするかなど、教育課程のどの部分に位置づけるのかは、学校や学年、あるいは各学級担任に任せます。そして、特定の子どもの障害表明を軸として、その学級・学年・学校のその後のクラスメートたちのための教育計画に沿って、綿密に当日の指導と事後指導を組み立てていきます。

　筆者の場合、当日の指導案そのものは、第2部で紹介するキャサリン・フェハティ女史（ノースカロライナ大学医学部 TEACCH 自閉症プログラム）と、第3部で紹介するキャロル・グレイ女史（ASD の社会性支援の世界的権威でソーシャルストーリーズ™の開発者）の2人のもとで直接トレーニングを積みましたので、彼らの実践事例と授業案を参考にしながらも、日本文化と社会情勢に合わせて工夫するようにしています。特にこの数年は、いじめ問題が大きく取り上げられてきています。発達障害グループ（LD ／ ADHD ／ ASD）の児童生徒がいじめのターゲットとなりやすいことはよく知られています（アトウッド, 2007）。キャロル・グレイのいじめ撲滅授業（『発

達障害といじめ』クリエイツかもがわ刊）の指導案を参考にしながらも、社会情勢や文化背景、児童生徒の発達段階に合わせて工夫したいじめについての内容を多く盛り込むようにしています。

フェハティ女史の「友だち理解プログラム」は、体験学習を中心に構成されており、幼稚園から小学校高学年までの範囲を対象として実施可能な内容になっています。

グレイ女史の「シックスセンスⅡ」は、小学校高学年から成人までを対象として実施可能な内容になっています。グレイ自身は子ども向けとして発表していますが、実際、筆者は、改訂前の「シックスセンス」や改訂後の「シックスセンスⅡ」を軸に、大学生を対象とした「自閉症理解」の実習や、小中高等学校の教師のための発達障害体験を取り入れた職員研修として活用したこともありますが、工夫次第で十分通用するものでした。

また筆者は、「友だち理解プログラム」（フェハティ）や「シックスセンスⅡ」（グレイ）のアイディアを用いながらも、最近ではパワーポイントを活用することで、その学級や学年により適切で効果的であるよう工夫も続けています。

要するに、やり方としては「こうでなければならない」というものはなく、定型発達のクラスメートたちに正しい理解を育てるための必要な情報を、適切な分量で、わかりやすい言葉を用い、場合によっては体験学習も取り入れながら、子どもたち集団に合わせて展開する、というポイントさえ押さえていれば、あとは、実施者が個性を光らせて子どもたちの共感を呼ぶ授業ができればよいのだと考えています。

指導案の参考として、第2部に「友だち理解プログラム」（キャサリン・フェハティ女史考案）、第3部に「シックスセンスⅡ」（キャロル・グレイ女史考案）を両女史の許可を得て収録していますので活用してください。

―第1部―

第 5 章

障害表明実施までの準備と手続き

　障害表明は、本人の自己認知支援と自己権利擁護スキルを伸ばすためのプロセスの一部であり、障害表明を実施する場合は、障害のある子にとってもクラスメートにとってもこの機会のメリットを最大限にするためには、表明を受けるクラスメートの側の心理を十分考慮して実施すべきです。この障害表明をきっかけに道徳や国際（異文化）理解交流を組み込んだ心の教育を中心にすえた学級経営が可能になることから、障害のある児童生徒 のために実施するものではありますが、クラスメートの側の心の成長も最大の教育効果として得られる教育活動とすることができるのです。それらについては第7章と第8章で改めてふれます。

　本章では、障害表明の決断から実施、そして事後指導までのプロセスについて、筆者の実践をもとに紹介します。障害表明は、どのような場合であっても、あくまで一人ひとりの子どもとのその子の教育目標、そしておかれた状況など総合的に合わせて判断され、計画が練られていくべきだということを忘れてはなりません。

1）障害表明の決断は本人が行うものである

　障害表明は、それ自体が人生の目的なのではありません。自分が主役の人生を生き抜くスキルを高めていくための自己認知支援のプロセスの一環として、ある特定の時期に、特定の場面で実施するだけのことです。ある意味では、その時期、場面ごとに自己コントロールやソーシャルスキルを高める支援の一環として周囲の協力を得るために行うとともに、一方では、本人の周囲との関係性におけるスタンスを明確にしたり、自分探しの方略としても機能します。どの角度から見ても、本人にとっては「自己覚知を高め、自分に自信をもち、自分を好きになる」プロセスの一環であり、重要

な個人情報でもあるので、障害表明の決断はあくまでも本人が主体です。本人の意思が重要となるのです。子どもの権利条約が示すとおり、その子の人権はその子ども自身にあります。その子がもし自分が他者と違っているということを認識する力が少しでもあるならば、障害表明の決断には必ず、本人が自分の違いについて他者にもわかってもらいたいという思いをもつということが大前提となります。その子は自分の違いについて知る力があるのに、その子の知らないところで他者が、たとえ親であっても教師であっても「あの子は発達に障害をもっている」という個人情報を周囲にふれまわるのは、その子の人権を侵害していることになります。

　本人の意思を確認するにはさまざまな道筋があり、ていねいな確認がなされるべきですが、どのような方法をとっても障害表明の決断はその子自身が行うべきです。もちろん、そのメリットに気づかない場合もあるので、障害表明という方法があるということ自体が、本人に対して一つのオプションとして知らされる必要があります。そして、支援者からそのメリットとデメリットを聞き、自身の判断で行うよう自己決定の支援をすることも、その子どもへの教育支援の重要な柱といえます。その後の長い人生において、いつどのような場合も本人こそが人生の主体者であるわけですから、その人生の選択や決断と、決断にともなう自己責任について、日常のささやかな場面から練習を積んでおく必要があります。たとえば、ほしいものがあるときの選択や決定の練習も、自己決定の練習のはじまりともなります。あることにつまづいたり迷ったりしたら、信頼できる人にヘルプを出す（援助要請をする）のもその大切なスキルの練習といえます。そういった小さな選択や決断の機会の積み重ねで、大きな選択や決断に必要な自己選択のトレーニングまでシステマティックに教育計画を進めておくと、障害表明にあたっても、信頼できる大人の支援者たちの連携し合った支援体制のもとで、自分で決断を下すことができるようになります。

　筆者の場合は、本人に障害名を伝えるところから自己認知支援を開始しています。だいたい、低学年までには開始します。自己認知支援とは、自分の得意なところと不得意なところを正確に把握する支援を続けながら、自己コントロールや感情コントロール、そして、ソーシャルスキルの学習を年齢に応じて段階的に推進していくオリジナルな方法です。身近な他者と同じ（似ている）ところとちがうところをベン図を用いながら学習させたりもします（「自分について」参照）。筆者の自己認知支援にお

いては、クラスメートへの障害表明は、自己認知支援のプロセスの一段落として位置づけています。発達障害をもつ一人ひとりの子どもに合わせてオーダーメイドで創出する自己認知支援のある段階で、その子との間で、周囲の友だちに知らせたほうがコントロールの学習がうまく進むという共通理解に至ったときに、子ども自身に選択と決断をゆだねます。

　その際には、多少の拒否や排除といったいじめやからかいの実情についても本人の報告やクラスメートから収集した情報をもとに話し合いをし、「いじめやからかいは減るが、一部は必ず残る。それは、いじめを行う子たちのほうに問題がある。いじめやからかいにあったときの対処法も一緒に学ぼう」という率直で明確な説明をあらかじめしておくことは肝要です。白黒思考をしがちな発達障害の子どもには、障害表明の結果、すべての子どもたちが一気に積極的でひとめでそれとわかる親切を示してくれるようになるわけではないこと、むしろ、一見無関心に見えるが、黙って好意的に見守ってくれるようになるクラスメートが増えることのほうが重要でさまざまな機会に好都合となること、いじめを防止することにもなること、という説明をしておきます。人の感じ方や考え方はさまざまです。話を聞いたからといってすぐに理解してくれない人もいます。また、なかには受け入れたくないという人もいます。筆者はASDのある子どもたちで障害表明を考えるようになった子どもたちに、「他のひとたちに、自分のちがいをわかってほしい」と願うなら、「受け入れたくない」という人の気持ちを尊重するように教えています。いろいろな人を知りあうということは、こういうことなのです。わかりあえる人たちばかりではない。わかり合えない人たちと出会い、異なる価値観に遭遇し、自分はどうあるべきか考えて決めていくものですし、その絶好の機会となります。自分とちがう人を知り、考え、学び、ちがう人を否定も肯定もせず尊重はするが同調しないでいる。そして、友を見分け、選んでいくものと、教え導くことができるのです。また、一部残るであろう継続的ないじめやからかいに対する対処法についても具体的に教えておきます。その方法の一部は、『発達障害といじめ "いじめに立ち向かう" 10の解決策』（キャロル・グレイ著、服巻智子訳・翻案・解説、クリエイツかもがわ刊）に紹介されていますので参照してください。

２）保護者ときょうだいたちの心構えを支援する

　障害表明は保護者と本人のきょうだいたち（祖父母等拡大家族も）にも影響を与える出来事です。クラスメートに障害表明をするということは、その子たちの口から、その子たちの保護者や家族にも伝わるし、他の学年にも話が伝えられていくことを想定しておかなくてはなりません。

　すなわち、障害表明を実施するにあたっては、家族全体でも一度話し合ったり、それぞれの立場で心の整理をするプロセスが必要となります。

　筆者の場合、保護者にその心構えができていない場合には障害表明は実施しません。たとえ本人がその気になっても、家族の気持ちの整理がつくまで待つように指導します。

　逆の場合もあります。その子の特異な行動の説明がつかないと周囲の子どもたちが落ち着かないということで、教師や保護者のほうが障害表明を急ぐ場合もあります。その場合も、本人が他者と自分の違いに気がつく力をもっている場合には本人への告知が優先課題であり、本人が何も知らないところで周囲の子どもたちが知っている、という事態を引き起こさないようにすべきです。このような事態の場合には、個別の支援会議を頻繁に開いて協議し、本人への直接支援のあり方を再検討していくようにしています。

　保護者から依頼があれば、きょうだいやそのほかの拡大家族への説明を担当することもひんぱんにあります。保護者にしかできない役割として担ってもらうべきだと著者が考えているのは、きょうだいの心への支援です。発達障害をもつ子どもの支えは専門家でも役割を担うことが可能ですが、きょうだいたちの心への支えは、保護者による愛情と配慮、そして、立ち向かうという生き方の見本に勝る支援はないと実感しているからです。

　いずれにしても、家族メンバー全体に、直接的あるいは間接的にでも影響を与えることになるので、事前の打ち合わせや確認作業、家族の気持ちの統一や共通理解へのプロセスは入念に行うようにしています。

３）支援者間の役割分担を明確化する

　特別支援教育システムが各地で機能し始めてからは、個別の支援会議を開催し、す

べての特別支援教育対象の子どもたち、すなわち、通常学級に在籍する知的には遅れのない発達障害をもつ子どもたちに対しても、個別の教育支援計画の立案・実施がなされるようになってきました。

　筆者の活動拠点のある佐賀県では、そのような特別支援教育システム展開の中に、この自己認知支援と障害表明の支援内容と実施についても少しずつ位置づけられるようになってきました。それ以前も、地教委や各学校の理解と協力のもと、IEP ミーティング（個別教育計画のための支援者の連携ミーティング）において立案実施がなされています。

　筆者の居住地域である佐賀市では、支援会議は次のような人たちによって構成されています。その子の在籍する学校からは、管理職、特別支援教育コーディネーター（SENCO）、学年主任、担任などが参加します。そのほか、専門機関から私どものような専門家が数名、家族メンバーからは親（ケースによっては、祖父母やきょうだいも同席する場合があります）、そして、可能な限り、可能な範囲で本人が参加することが望ましいです。状況に応じて、本人が参加しない場合でも、本人の意思を確認するプロセスを必ずとるようにします。

　支援会議は障害表明のために開かれるものではなく、そもそも、特別支援教育システムの中で、その子どもの特性や実態把握と指導方針の確定、および、それらを関係各者が共有し合うこと、またそれらの実現のために、かかわる大人がどのような役割と責任を担い合うのかを確認し合いながら、その子どものための個別の教育支援計画の立案・実施・修正のプロセスを進めていくものです。ですから、一人の子どもに対して最低でも年に2回程度、定期的に開催されるのが普通です。毎年毎年のそのプロセスの中で、必要な状況が発生したときに、障害表明が他の教育目標とともに話題にのぼり、検討され、その子どもにとっての必要性と効果の期待値について確認された場合のみ、各自の役割を明確化し、連携し合って実施に向けて動き出すのです。

4）クラスあるいは学年の保護者会への対応

　クラスあるいは学年の保護者会に説明して協力要請するという方略もとります。保護者は保護者間のつき合いでも悩みをもつことが多いものです。

　前項でも述べたように、障害をもつわが子が障害表明をするということは、家族全

体にも直接影響を与えることであるので、特にきょうだいがいる場合は、事前に家族間の意識統一と心構えをしておくことも肝要です。

　一方で、表明を受けとめる側のクラスメートや学年の同級生たちは、その事実を知ったあと、家庭で親や家族に話す可能性は高いといわなくてはならず、そのことへも障害表明の際には事前に周到な準備をしておくべきです。障害表明授業のあと、家庭で自分の親に報告したときに自分の親から聞かされる言葉で、再度、彼らの障害をもつ子どもへの印象や確信が塗り替えられることも多いからです。年齢が低ければ低いほど、その可能性が高く、学校教育側としては、特別支援教育にあたっては全体を包括的に啓発していく心構えが求められているともいえます。

　地域性やクラス構成、対象となる子ども集団の特性や実態、また、保護者会の特性、学年教師団の陣容、さらには、その学校（園）の特別支援教育の方針などによって、方略は異なるものです。クラスあるいは学年保護者会の機会、PTA新聞の活用、学校から家庭への文書配布、あるいは、学級担任による学級通信、連絡帳など、あらゆる方略を効果的に活用し、事前あるいは事後のクラスメート側の一貫したフォローアップの雰囲気づくりの協力を仰ぐべきでしょう。オリジナルに工夫されるべきことですが、共通していえることは、学校側、すなわち、担任や学校管理職には、全保護者との良好なコミュニケーション力が求められるということです。このコミュニケーションスキルや方略の確かさが、各児童生徒に与える影響の大きい各自の保護者を協力者として巻き込み、学校の雰囲気づくりを進める決め手となります。

　障害をもつ当該児童の保護者が個人で手紙を書いたり、保護者会で発言し理解を求めたりする方法も効果的ではありますが、それは事例に応じてオプションとして選択されるものであるべきです。障害のないその他の児童生徒の保護者に対し、障害児への理解を求めたりサポートする雰囲気づくりの協力を仰ぐことを当該児童生徒の保護者と家庭の責任として押し付けてしまうことは、学校教育としては責任を放棄しているといわれても仕方がありません。まず基本としては、学校側がこのような子どもたちへの特別支援教育方針と、また、障害のある子とともに育つ障害のない子どもたちの人格形成への絶大な教育効果についても、全保護者にきちんと説明をし、責任を自覚してもらうことが前提となります。

　以上のことをふまえ、学校としては、事前に管理職を含む教師陣で十分計画的な進め方をするよう配慮してください。

しかし、たとえどのようにうまく計画しても、障害のある子を理解するということはその人の生き方や人生観にも左右されるものです。すべての保護者が同じように理解を示したり協力してくれたりするようになるわけではありません。高い理解を示す人が増えることにメリットがある（全員でなくてもよい、ということ）、とあくまでもポジティブに心構えをしておかなければなりません。

—第 1 部—

第 6 章

友だち授業の実際

　本章では、実際にクラスメートや学年または学校の全在学生に、ある子どもの障害表明をするときの授業の実際を紹介します。発達年齢などに応じて説明の仕方の工夫が必要ですが、第 3 部で紹介する「シックスセンス II」というキャロル・グレイ氏の授業展開案や、第 2 部で紹介しているキャサリン・フェハティ氏の「友だち理解プログラム」（UFP と略記）が世界中でもっともポピュラーな指導展開案です。どちらも単独で使うことができますが、両者を組み合わせて展開させることもできます。また、工夫の加え方次第で、30 〜 90 分の授業として柔軟に展開できます。

　「友だち理解プログラム（UFP）」や「シックスセンス II」は、早い段階で日本に伝えられ、「学校キャラバン隊」などにも一部活用されてきました。しかし、キャラバン隊は「あなたの周りに理解や助けを必要とする人たちがいます。それはこのような人たちでこういう支援が必要ですよ」と個人を特定せず、全般的な理解を広げるものであるのに対し、実は、「友だち理解プログラム（UFP）」も「シックスセンス II」も、基本的な考え方としては、理解すべき対象は誰なのかを必ず具体的に示すところが、大きく異っています。キャラバン隊の活動は理解啓発が目的であるのに対し、障害表明とは、その人は誰で（誰の障害表明なのかを特定する）、どのような支援が必要で、それはなぜなのかまでを具体的に説明し、クラスメートとして自分はその子をどう理解し、その子にどう接するべきか、一人ひとりに自分で思考させていくものなのです。いわば生き方表明ともいえるものです。そのため、事前に障害の表明を行う対象者（障害の表明を聞く側）を選び、対象者グループの理解度を見極めたうえで、本人に理解を求め具体的に手伝ってもらうことまで協議のうえで決定します。

　実際に学校で使ったいくつかの事例をご紹介しましょう。

第 1 部 クラスメートに話すということ　**41**

典型的な展開例としては、以下のものです。

①自己紹介（投げ込み単元であれば、授業者の自己紹介は必要です）

②今日の授業の目的＝障害のある人のことを理解し、自分にできることをしよう！

③目に見える障害の種類と自分にできることを考えよう

④体験学習（見えない体験、車いす体験、など）

⑤感想を述べる

⑥目に見えない障害の種類を考えてみよう

⑦自閉症（あるいは、学習障害または注意欠陥多動性障害）とは？　目に見えない障害の一つです

⑧皆さんの近くにいる自閉症のお友だちを紹介します（当該児童生徒の写真を見せ、本人の特性を説明する）

⑨この友だちが必要としている手助けは、こういうことです⇒具体例の説明

　（体育の参加の仕方やコミュニケーションのとり方、本人が混乱したときの対応の

　　仕方など具体的に説明します）

⑩いじめの対処、いじめの考え方について

⑪障害表明児童生徒自身からのメッセージ

⑫まとめと感想アンケートの記入

　⑪の当該児童（生徒）自身にメッセージを発表させる部分は、事前に十分話し合いを行い、親きょうだいも本人自身も納得のうえで実施します。その合意がうまくできない場合には、そもそもこの授業自体を行うべきではありません。

　与えられた時間が短いときには④と⑤を短縮したり、あるいは③のあとにすぐ⑥を行って④と⑤を短くしたり、⑤は割愛して別の時間に記入させたり宿題にするなどの工夫をします。年齢の低い子どもたちには、いじめのテーマの授業を別の時間帯に実施したりします。いじめについては、同じくキャロル・グレイ著の『発達障害といじめ "いじめに立ち向かう" 10 の解決策』『いじめに立ち向かうワークブック　考え方とどうすべきかを学ぶ　小学校低学年用』『いじめに立ち向かうワークブック　考え方とどうすべきかを学ぶ　小学校高学年用・中学生以上用』（クリエイツかもがわ刊）が有効で、大いに役立ちます。

【実践事例】

A小学校

この小学校では、小学4年生のあるクラスを対象に、そこに在籍しているアスペルガー症候群の男子の障害表明を実施しました。私は以前より、アスペルガー症候群の診断であっても、子どもたちへの自己認知支援と障害表明時には「自閉症」という言葉を使うのがポリシーで、保護者の了解のうえで授業時も"自閉症"を用いています。

第2部のキャサリン・フェハティの授業案（UFP）を用いて、子どもたち全員で体験学習を実施しました。ゴーグルをはめている子どもの写真（右上）がありますが、ゴーグルにワセリンや軟膏を塗って、少しは見えるがよく見えない状態でものを読んだり書いたりする体験をしているところです。この授業ではほかに、工場

騒音あるいは駅の騒音などを録音したものを高音で聞かせながら、こちらの言っていることを聞き取らせるなどの体験をして、少し聞こえるが周囲の雑音が混じってよく聞こえない体験もしました。また、私が早口の英語でしゃべったら理解できなかったことを絵に描いて見せたら、何のことかわかって行動できた、という体験学

習もしました。そういった体験学習を通して、自閉症のコミュニケーションの問題や感覚の特性の体験をして、定型の子どもたちには楽しいばかりの学校も、自閉症の友

第1部 クラスメートに話すということ　43

だちには大変なところなのだということの理解をすることができました。この学校では、最後に、自閉症をもつ A 君がみんなに「自分のことをわかろうとしてくれてありがとう、これからもよろしくお願いします」と挨拶し、クラスのみんながぱっと笑顔になり、A君を受け入れていきました。

B小学校

　この小学校では、小学 6 年生全員を対象に、在籍していた自閉症の男の子 B 君の障害表明を実施しました。ここでもキャサリン・フェハティの授業案（UFP）を用いましたが、体験学習には感覚の特異性に関する体験以外に、車いすも用いました。
　B 君は強い感覚の特異性をもっていたので、そのエピソードが満載でした。子ど

もたちからの感想として「なぜ B 君が学校でよく泣いていたかわかりました」「こういうときにはそうっとしておいてあげるのがよいのですね！」「なぜ B 君が給食のときにいつもパニックになっていたかわかりました！　給食は匂いもきついのに、みんな並んだり並ばなかったりするし、ざわついているし、そのうえ、放送委員会が放送までするから、感覚がしんどくてたまらなかったんですね！」などと、多数の子どもたちが感想を述べてくれました。
　実は、その数年後のことですが、筆者がとあるテレビ番組に出演した数日後のことで

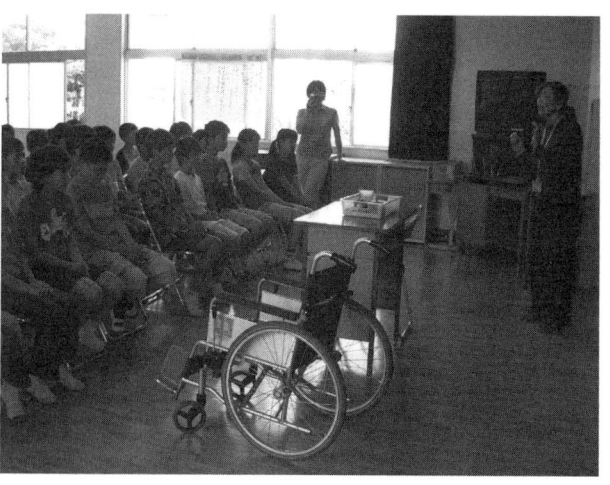

す。夜、自宅近くのコンビニに買い物に行こうとして信号で待っていたとき、「こんばんは。服巻先生でしょう？」と、自転車に乗った男子高校生から唐突に話しかけられたのです。いったい誰だろうと思ってまじまじと顔を見ましたが思い出せません。するとその高校生は「先生の出たテレビを見ましたよ。懐かしかったです。僕は小学校のとき、B君のクラスメートでした。服巻先生の授業を僕は忘れられないんですよ。B君は今どうしていますか？　実は、今、高校の同じクラスに、B君と同じような子がいるんです。その子が自閉症かどうか、確かなことはわからないけど、僕はいつも先生の授業を思い出してその子と接するようにしているんです」と言うのです。もう、本当にびっくりしてしまいましたが、あの授業のとき「なぜB君が給食のときにいつもパニックになっていたかわかりました！」と感想を述べてくれた子だったと思い出しました。さらに、この生徒はあの授業が終わってからも、私のところに来て、幼稚園時代からB君と一緒だったこと、B君と一緒に卒業したいことなどを話してくれたやさしい子だったことを思い出しました（驚きますね。この原稿を書いている時点では、B君はすでに21歳です！）。

　この障害表明の授業では、個人情報保護に関するリスクがあるとはいいながらも、周囲の子どもたちに対し、真の人間理解を促すことができ、将来の望ましい人間形成と健全な社会人を育てるのだと、改めて思わされた出来事でした。

C小学校

　写真は、C小学校で行った小学2年生のCさんのための障害表明の授業でした。クラスメートだけに表明しました。小学2年生にわかる言葉を用い、体験学習によって子どもたちの共感性を促していきました。担任の先生が後日感想を書かせてくれて、私にも届けてくださいました。Cさんは、その後、遊びの時間が苦痛ではなくなったと報告してくれました。

D小学校

写真は、D小学校で2年生のD君のための障害表明の授業の様子です。D君は行動上およびソーシャルスキルの状況のため、学校とフリースクールを併用することになったので学校に来なくなったという説明と、D君に会うときに気をつけてほしいことをクラスメートに伝えました。D君の場合は、保護者の希望があり、この時点ではソフトディスクロージャー（第8章参照）でしたが、後日ハードディスクロージャーに変わっています。授業の最後には、全員、感想を書いてくれました。

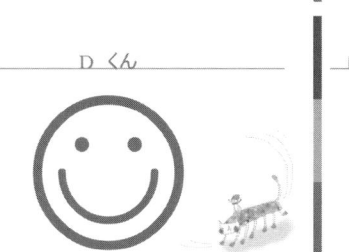

おともだち

かいせいしょうがっこう
1ねん4くみ

みんなが おなじところ

- いいところが ある
- にがてなところが ある

みんなが おなじところ

- がっこうで、おともだちと べんきょうしたり、あそんだり できる

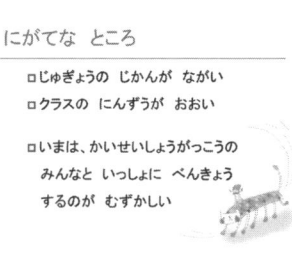

D くん

いいところ

- げんき いっぱい
- やさしい
- したいことを はっきり いえる
- ほんを たくさん よめる

にがてな ところ

- イライラを がまんするのが にがて
- おはなしを ながく きくことが きつい
- じっと できないことが ある
- おともだちと じょうずに あそべない

にがてな ところ

- じゅぎょうの じかんが ながい
- クラスの にんずうが おおい
- いまは、かいせいしょうがっこうの みんなと いっしょに べんきょう するのが むずかしい

いまの Dくん

- 〈こくご〉、〈さんすう〉などの べんきょう
- おともだちと うまく つきあう やりかた
- いろいろな ルール

を べつのがっこうで しています。

Dしょうがっこうに くるとき

- ぎょうじの とき
- あみせんせいに おはなしにくる とき

Dくんの きもち	みんなが、Dくんと あったら	Dくんから
□ ほんとうは みんなと いっしょに べんきょうしたい と おもっています	□「なんで がっこうに こんと？」と いったら、かなしいきもちに なる □「がんばってね」 といってほしい	また Dしょうがっこう にくるから、 まっててね

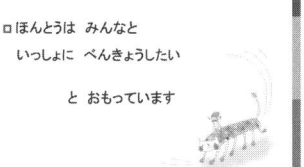
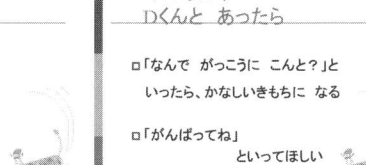
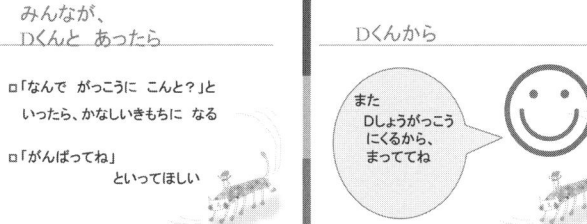

E中学校

　アスペルガー症候群の診断のあったE君は、かんしゃくを起こしやすく、よく涙をこぼす自分をとても嫌がっていました。どうしてもかんしゃくがやめられない自分は嫌だけど、そんなときの自分を学校で出会う人たちはどう思っているのかが心配でたまらず、本人が自分から障害表明を希望しました。話し合いの結果、学年全体に説明することになり、私が授業に出かけました。そして、最後には、E君自身が自分で「僕はときどきカッとしてしまうことがあるけど、本当はそうでない自分になりたいのです。僕も努力しますがもう少し時間がかかると思います。皆さん僕を見守ってください。どうぞよろしくお願いします」と立派に挨拶していました。

　このE君も、現在は成人しており、大学を卒業して就職先の人事課にも診断名を伝えて、障害の弱点のための援助要請を受け入れてもらっています。理解者に囲まれ、おだやかな成人期を送っています。

Ｆ中学校

　写真は、NHK 教育の『ハートをつなごう』に
出演したＦ君が、中学１年生になったときに行っ
た授業の様子です。このときは「シックスセン
スⅡ」をおもに用いました。Ｆ君は、実は、小
学４年生の時から毎年障害表明授業を行ってい
ます。小学４年生の時から、本人自身が希望し
たのです。「友だち授業のあとはトラブルがぐっ
と減るし、いじめもなくなるけど、友だちは月日が経つと僕が自閉症だと忘れるみた
いだ。だから、毎年授業をしてください」と要望したはじめての子どもでした。

　中学校では、自分専用の部屋をもらい、参加しない授業があるなどの特別な支援を
受ける理由をみんなにわかってもらいたい、説明したいと中学校全体への障害表明を
計画しました。事前に話し合いを重ね、当日を迎えました。第８章でも解説している
ように、このときはＦ君にとっても数回目であることを認識し、単に挨拶に留まらず、
自分で自分のことを説明する説明文を事前に書き、それを読みあげることで相手に理
解を仰ぎ、彼自身にとっても自己権利擁護スキルの練習の開始の機会となりました。

―――第１部―――

第 7 章

障害表明後のフォローアップについて

1）当該児童と当該保護者のフォローアップ

　前章までで、障害表明をするとすべての人が理解を示してくれる、というのは絵に描いた餅であり、理解する人は必ず増えるが、理解しないままの人もいる、ということはわかっていただけたと思います。人々の理解は白か黒かではないし、その度合いも人それぞれなのだということを、こちらも理解しておかなくてはなりません。そして、その事実＝人の感じ方、生き方、価値観は人それぞれということも、こちら側も受け止めるべきなのです。テンプル・グランディンも言っていますが、100人のうち100人が理解してくれなくても、数割の人たちが正しく理解し、必要なサポートを必要なときにしてくれて、何より障害のあることをわかったうえで、丸ごとの人格を受け止め接してくれたらよいのです。また、一方で、理解してくれた人がすべて指導者のような接し方をされては、子どもも苦しくなります。理解を示すということは、ナチュラルサポートする人が増える、ということにほかならず、それは障害表明する側の子どもも保護者も知っておかなくてはなりません。理解した人ほどそっとしておいてくれる。必要なときには空気を読んで理解ある無関心を装ってくれる、ということなのです。

　教育上のフォローアップとしては、もし、障害表明後にも意図的にいじめや意地悪をする子、あるいは、接し方の不自然な保護者がいれば、その情報を隠したり我慢したりせず、学校側に伝えるように約束させます。前述したとおり障害表明があってもいじめをする子は、弱いとわかっている子をいじめるのですから、その子どもがなんらかの心理的な問題を抱えているわけです。その子への直接的間接的な心理ケアが急務であることの証拠といえ、いじめっ子として糾弾するのではなく、その子を支援対

第1部 クラスメートに話すということ　49

象児としてとらえ、見守る体制づくりをするきっかけとする必要があります。いじめる子は早期に介入すれば、その子のその後の人生を大きく好転させることも多いので、いじめる子の心理的・発達的問題にアプローチし、いじめる子を助けるためにも重要な情報となります。

2) クラスメートのフォローアップ

　クラスの中の特定の児童生徒のもつ障害についての障害表明の特別授業後のフォローアップには、いくつかの方略があります。

　学級担任の役割としては、常にオープンに子どもたちからの疑問や質問を受ける雰囲気づくりがまず必要です。それ以外にも、このことに関する出来事が起きた場合に、ていねいに振り返る時間をもつよう学級経営上の工夫をしたり、別の障害や高齢者理解、国際交流で異文化理解する機会をもつなどの多角的な取り組みを継続しながら、身近にいる自分とは違う人たちへの接し方に思いを至らせるようなかかわりを心がけるとよいでしょう。

　もし、担任以外の"外部講師"に特別授業を投げ込み単元として依頼した場合は、そもそも担任の役割は、定型の子どもたちの側の一員として定型の子どもたちの感じ方に共感することです。子どもたちからの疑問質問、出来事への対処や接し方について、その学年末までその講師と子どもたちが交流を続けることができる橋渡し役となることも非常に大きな効果をもたらします。

　フォローアップの際に気をつけることは、担任が知ったかぶりをしないように努めることです。「先生も知らないことがあるので、専門家に聞いてみるね」と答え、必ず調べてから質問を投げかけた子どもたちに誠実に返事をする、ということをていねいに繰り返すと、子どもたちは真摯に受けとめ、その教師の姿を見て、再び自ら深く考えて自分とは違う人たちのことを理解する姿勢が育っていくからです。

　筆者の経験では、このように学校と連携した取り組みの成果として、これまで「進学したら、障害のある人のことを専門に勉強したいと思った」「いつか、障害をもつ人を支援する仕事につきたいと思いました」などの感想文をもらい、スポンジが水を吸収するように柔軟で純粋な子どもたちの心にふれ、感動したものでした。大人が思うよりずっと、小学生、中学生の心はまっすぐにものを見、心で感じているものだと

つくづく思います。その純粋な心をそのまままっすぐに伸ばしてあげたいものだと。

　さらに肝心なことは、いったん障害表明した場合には、小学校の場合は当該児童の卒業まで毎年1回実施するようにすることです。子どもは発達し変化するものなので、当該児童の特性も変化します。同じく、同級生たちも変化し、思春期に向かう時期でもあります。事実をリアルタイムで正確に伝える意味でも、過去の学習を確認する意味でも、毎年1回以上は継続して学級取扱い授業を実施することを勧めます。もちろん例外もあります。ここまで述べてきたように、障害表明は関係するすべての人々にとって、ある意味では、デリケートな問題でもありますから、学校や家庭の諸事情によっては実施できない場合もあることも念頭におきながら柔軟に対処すべきです。

——第1部——

第 8 章

自己権利擁護の力を育む
（セルフアドボカシー）

1）めざすのは、自己権利擁護（セルフアドボカシー）の力を育てること

　自己権利擁護（セルフアドボカシー）とは、自分で自分の権利を適切に主張し正しく擁護していくことです。また、自分のめざす目的を達成するために、周囲によりよい理解を求め、自己と他者との関係に満足感を得、自己の生活や職業を生産的建設的なものにするために、いつ、どのようにして自ら人に働きかけるべきかを知ることです。その過程においては、たとえば、なぜ便宜を図ってほしいのかを打ち明けなければならない場合には、社会的にみても合理的な根拠として自分自身についてなんらかの「障害表明」をする必要が出てくるのです。

　前章までで詳説したように、それによって拒絶や失敗を経験して傷ついてしまうことがありますが、そういった社会とのやりとりやネガティブな体験自体を経験することすら、一社会人としての本人の権利でもあります。そういうわけですから、社会人として対等に生きていくスキルとしての要（かなめ）である自己権利擁護スキルは、障害表明とそして本質的な自己認知支援とは切り離して考えていくことはできないのです。

　自己権利擁護スキルを発揮して一社会人として堂々と生きていくことと障害表明をしっかり考え取り組んでいかなかったら、発達障害当事者たちは本人の意思決定の場面において、過剰な保護により情報が不足して満たされない思いにさいなまれたり、本人が主役であるはずの人生の根幹がうまく形成されなかったり、貢献をする大きな可能性のある場である地域や社会との出合いに恵まれなかったりするリスクが大きいといえます。自閉症スペクトラムの人にとって効果的な自己権利擁護と障害表明はその人生において本質的な重要課題であるにもかかわらず、周囲の大人の価値観や考え方に翻弄されて、日常的に自己権利擁護スキルを伸ばすうえでの配慮や支援や指導を

52

受ける機会からも遠ざけられてしまうことになります。

定型発達の人は思春期を過ぎる頃には、健全な自尊心とともに自分にとって必要なことを周囲の人たちとの間で適切なやりとりをしながら、周囲の人を尊重しつつ、自分なりの権利をさわやかに主張し、自分と周囲との関係のバランスを図っていくことができるようになります。自閉症スペクトラムを含む発達障害のある人たちは、対人コミュニケーションの障害があるうえに社会の了解ごとなどのキャッチが難しく、また、健全な自尊心を育むこともうまくいかない場合があるため、このスキルを伸ばすことにも計画的な長期の教育支援を必要とします。

障害表明を行うことは自己権利擁護に不可欠な事柄でありスタート地点ともいえます。また、障害表明を長期的展望で計画的に実施し、また対象を選択したり絞ったり、さらに権利擁護の役割を身近な大人から次第に本人に担わせていくことは、自己権利擁護スキルを伸ばすために大変有効な方略です。

２）成長にともなう障害表明のあり方や開示する対象者の変化

ここまで小学校中学校での障害表明をする場合は、両者にとっての全人格的成長をねらった教育活動として位置づけるべきであることという考え方に基づいて、その方法論を述べてきました。その計画のプロセスにおいては、どのような考慮点があって、どのように周到に準備すべきであるか、関係するすべての人の感情を考慮して動くべきであると紹介しました。小学校や中学校では、当該児童生徒もまだ対人行動が未熟な時代であり、同級生たちもまだ成長途上のため、助け合いとお互いの人間的成長を意図して障害表明を教育的観点から実施すると、その教育効果は絶大です。

第１章～第３章で述べたように、障害表明のプロセスは、子どもの人権の立場からも、子ども自身が自分を知ることを機軸におきつつ、その後の自覚と心理的成長を育むとができます。また、保護者にとっても親としての心の成長やわが子の障害受容をもとに社会人としての生き方の見直しなどにつながります。教師自身も障害をもつ人や個性的な子どもたちの理解などができます。このように、かかわる人すべてにとって、多角的多面的で重層的な教育活動となりうるばかりでなく、本質的で普遍的な価値を確認することにもつながります。

では、この障害表明はいつまで続けるべきなのでしょうか？

第１部 クラスメートに話すということ | 53

前章では、小学校在学中に実施した場合は当該児童の卒業まで毎年続けることを勧めるとしましたが、では、生涯のライフステージを通してみた場合は、どのように考えるべきなのでしょうか。

　筆者の考えとこれまでの実践は、基本的には中学校までは、お互いに精神的に未成熟な面も多いため、当該児童生徒とクラスメート両者の教育的観点から、きちんと障害表明することをスタート地点として両者を教育していくよう、学校側との連携をもとに進めています。しかし、高校以上の場合は、ケースバイケースで判断するように心がけています。高校以上は義務教育ではなく、生徒個人の判断や自己責任の割合が増え、教師の監督責任の範囲も狭まるため、障害表明の周到な準備や事後のフォローアップにおける教師の役割に制限がかかる部分も出てきます。

　障害をもつ人の社会的適応の状況というのは、当該障害者の状況や努力と周囲の人たちの理解や支援体制のバランスによって成り立つものです。高校生くらいの年齢になると子どもたちは定型脳であろうと自閉脳であろうと、驚くほどの成長を見せます。特に周囲の人たちの理解が進む場合は、その個人の意思と判断によるナチュラルサポートが期待できる場合もあり、またその可能性が高くなります。もしクラスメートの中に、小学校時代から「違っている」子たちとのつき合いが長く、その理解も深く接し方にも長けた人格形成ができている生徒がいれば、発達障害をもつ自分とは違っている人にはじめて出会う生徒にもロールモデルとなって、よい影響を与える可能性も高まります。

　以上のようなことは一部の要素でしかありませんが、これらのことから見ても、障害表明の必要性は、年齢やおかれた状況や取り巻く人々の構成によって高まったり低くなったりするものでもあるし、また、そのあり方も変化していくものです。次項では、その考え方と方略の例を示します。

54

■ 服巻智子構築の自己認知支援並びに障害表明の実践カリキュラム

年代	目的	対象者	実施者	ASD 本人の学習
就学前	・自己を知る ・自己と他者の違いを知る	クラスメート	担任	・自分について学ぶ ・自己と他者の違いを知る ・他者との違いについて学ぶ ・他者に対するコミュニケーションスキルを学ぶ ・診断名
小学校低学年	・自己を知る ・他者の違いを知る ・お互いを知る ・言葉遣いを学ぶ ・いじめの心理について学ぶ	クラスメート（または学年）	外部講師	・診断名 ・自分の障害特性について学ぶ ・他者（定型発達）の感じ方について学ぶ ・他者とのコミュニケーションを学ぶ ・マナーを学ぶ ・集団行動におけるふるまいを学ぶ ・いじめかもしれない出来事に遭遇した時の行動を学び始める
小学校高学年	・自己について知る ・他者の違いについて知る ・障害のある級友の特性と接し方を知る ・いじめの心理について学ぶ ・仲間づくりの考え方を知る ・異文化を学ぶ ・尊重し合うことを学ぶ ・自己を大切にする考え方を学ぶ ・いじめの心理について学ぶ ・恋愛について学び始める	クラスメート（または学年）	外部講師	・診断名とその特性 ・自分の特性について学ぶ ・他者と集団力学について学ぶ ・人権について学ぶ ・異文化について学ぶ ・集団におけるふるまいを学ぶ ・他者を尊重するスキルを学ぶ ・コミュニケーションスキル ・マナーを学ぶ ・自分を大切にする方法を知る ・いじめかもしれない出来事に遭遇した時の行動を学ぶ ・人を好きになることについて ・嫌いな人への接し方について ・性について
中学校	・自己について知る ・他者の違いについて知る ・異文化について学ぶ ・ライフスタイルの違い ・仲間づくりの考え方 ・恋愛 ・その他	クラスメート（または学年）	外部講師	＊小学校高学年の内容に加え、以下 ・人権について学ぶ ・感情コントロール ・性教育 ・仲間とのつき合い方 ・恋愛 ・法について ・違っている自分と向き合う ・家族の役割 ・いじめ対処法 ・援助要請と相談スキル ・進路 ・自分の特性を他者に説明する練習
高校	同上	特定の説明必要な学友	指導者と自分	＊中学校の内容に加え、以下 ・人権について学ぶ ・自分のことを他者に説明する練習 ・さまざまなソーシャルルール ・援助要請 ・相談スキル ・いじめ対処法 ・個別に必要な内容　ほか
大学・大学院		特定の説明必要な学友	自分（＋支援者）	・個別に必要な内容 または、前述のすべて
就職		人事課／上司必要な同僚	自分（＋支援者）	・個別に必要な内容 または、前述のすべて

(2014、服巻)

3）ハードディスクロージャー（診断名を公表する方法）

　障害を「違う」個性として当たり前のこととしてとらえる考え方で教育をするのであれば、年齢が低い間の障害表明には、診断名を隠すことは得策ではありません。それを「隠す」という大人の判断や行為自体が、受けとめる側の子どもの心にマイナスの影を落とし、障害表明が正しく認識されないどころか、隠すべきこと、正しくないこと、という価値観だけが、子どもたちの心の中に刻み込まれるリスクが高まります。障害名や診断名を隠さないことが、子どもたちの中に、「それでも同じ人間なんだ」という人づき合いの価値観を築く基盤となるのです。

　そして、当該児童生徒が特別な配慮を受けて当然という合理的根拠の情報を、クラスメートたちに伝えることになり、自分たちとは違う特別支援の具体策への理解が高まるばかりでなく、その具体的支援の積極的協力者となってくれる場合も多いものです。

4）ソフトディスクロージャー（診断名を伝えず、特性のみを伝えるやり方）

　ソフトディスクロージャーとは、周囲の人に診断名を伝えず、その特性のみを伝えるやり方です。正確には障害表明ではありませんが、当該者の独特な個性への理解を求めるときに、多くの大人が子どものために採用したいと願う方法です。

　このやり方は一見フレンドリーなようでいて、実は、周囲の子どもたちや同僚の正確な理解を得ることは難しい場合があり、むしろ、誤解やいじめを助長するリスクをはらんでいます。中途半端な情報が、周囲の友だちの心の中に特別な支援に対する不公平感をかきたてる場合があるからです。そのため、ソフトディスクロージャーは周囲の人の状況から理解やナチュラルサポートを十分に期待できると確信のあるときのみ採用すべきだといえます。筆者自身は、ほとんどソフトディスクロージャーは行いません。行う場合は、ハードディスクロージャーの前段階としてのみです。

5）実際の適用場面では

　多くの場合、高校や大学、就職と、本人も周囲も大人としての言動と自己責任が求められる年代には、個人情報の保護の観点からも、ハードディスクロージャーは必要

56

最低限の範囲にとどめるようにしています。たとえば、本人と本人の支援者の話し合いで、身近な信頼できる人で特殊な支援をお願いする必要のある人だけをハードディスクロージャー対象のサポーターとして決定し、それ以外の人には何も言わないでおくか、あるいは、ソフトディスクロージャーにとどめておき、何かあったときには、ハードディスクロージャーを受けているサポーターに日常の中でうまく介入してもらうよう役割分担をするようにします。

　高校や大学にも特別支援教育が浸透し始めており、個別の具体的支援が必要な場合があるので、学校側や指導教官にはハードディスクロージャーをして支援を受ける権利があることと、その合理的根拠を伝えておくべきです。それには学校側との信頼関係が重要な鍵となりますので、学校と本人が中心ですが、さらに保護者、支援者も入って十分なコミュニケーションが不可欠です。実際にあったケースですが、学校の担任が差別的な発言をしたりなどし、担任を人間的に信用できないと本人が判断して担任にすらハードディスクロージャーをしないで1年間過ごした高校生もいました。その生徒は、翌年度の担任は本人にとって信頼できる人だったということで、本人が障害表明を決断したので、私も手伝いました。このように、本人自身の意思や決断が次第に大きな比重を占めるようになるのもこの年代の特徴的変化です。そのため、このことに関して自己決定する力を育てることや、決断したことを最大限サポートするための支援体制をしっかり構築しておくことは、その後社会に出る自信を培い、また、人との信頼関係を構築するために重要なポイントになります。

　就労支援の場合には、管理職にハードディスクロージャーをしておくことは、支援や配慮を受けたりジョブコーチを導入するための合理的根拠として不可欠です。職場という社会人として対等な立場では、障害表明によって差別やいじめを受ける場合は告発することも可能となるため、就職を受け入れるような会社側は、むしろていねいに対処してくれますし、障害のある人の人権、そして会社での人権は法的に守られています。ただし、上司は学校時代の教師とは異なり障害のある人を世話する役割ではないので、一般就労の場合は障害のある本人は、仕事の成果や質で評価されることを逃れることはできません。与えられた仕事を責任をもってきちんと遂行することが求められるばかりでなく、社会人としての最低限の節度ある言動は求められています。

　また、世の中には多様な人々がいます。上司や同僚からのモラルハラスメント（職場いじめ）に遭う場合もないとはいえません。職場は、人の入れ代わりが学校時代と

第1部 クラスメートに話すということ　57

は比較にならないほど激しいものです。どのような場合でも、たとえうまくいっていると思われる場合でも、支援者と定期的に会うなど支援機関や行政とつながってモニターしてもらうことは、社会の中での自分の位置づけを保つために必要なことです。

6）自己権利擁護スキルとアサーショントレーニング

　自己権利擁護スキルは、小学生から中学生、高校生から大学生、そして就職先と、年齢によって、まずは身近な人に「YES」「NO」をはっきり伝えることができ、適切に拒否を主張することと、「ヘルプ」を出し困難状況を周囲に説明し解決に助力を得るスキルの獲得・発揮から、次第に支援者の庇護の割合を減らしながら自分で自分のことを他者に説明していく割合を増やし、最後には、ほぼ完全に自分のことを自身で説明したり権利を主張できるようになるまで、ていねいに支援しつつトレーニングしていきます。その間、自分の障害特性を学んだり、得意不得意を明確に知ったり、自分に必要な支援を周囲の人に説明してお願いしたり、誰に相談するかの判断、どの場面でどこまで話すかやそのうえ話し方の練習も必要です。このように、自己権利擁護を伸ばすための自己認知支援は長期にわたって継続する必要のある重要な取り組みです。

　自己認知支援の一環として感情コントロールの指導も必要です。また、相手に説明するときの具体的スキルを練習する際、アサーショントレーニングも必要です。アサーションとは、相手の人権（アサーティブ権）を尊重したうえで、自分の意見や気持ちをその場に適切な言い方で素直に表現できることです。アサーショントレーニングとは、お互いを大切にしながらも、場に合う適切な方法で率直に気持ちを伝えるようにするトレーニングのことです。自己主張に関するいくつかの過誤に対するときほぐしと指導に始まり、攻撃的な自己主張や不十分な自己主張との違いを明らかにしたうえで、適切な自己主張（＝アサーション）について学習するのです。

　どのような場合も、自分のことを説明したり必要な支援を要望したりするということは個人情報の開示となります。どの範囲のどのような人たちに、どの範囲の情報を説明するかについては、必ず保護者や支援者と相談しながら決定する習慣をつけておくことが必要です。この習慣を身につけるためにも、早い年齢から障害表明の練習をし、ディスクロージャーのうえで周囲との関係づくりのバランスを図るよう計画的に進めることが、障害表明をするうえで重要なことです。

第 2 部

友だち理解プログラム
Understanding Friends Program

子どもたちに
「人と人との違い」について理解を促進し、
共感性を育む教育

キャサリン・フェハティ
Catherine Faherty

Asheville TEACCH Center セラピスト

Understanding Friends
A program to educate   typical peers about differences;
to foster empathy and mutual understanding;
with the option of supporting self -expression/self -advocacy by the student on the spectrum.
by Catherine Faherty   ©Catherine Faherty 2012

1. キャサリン・フェハティの「理解プログラム」の紹介

日本の先生方へ

　私がまだ教師をしていた 1985 年のことです。通常学級の子どもたちにこそ、私が教えていた特殊学級の子どもたちの何が違っていて何が違わないかについて教える必要があると気づいたのです。ほとんどの場合、自閉症の子どもたちが、そうでない子どもと違うということは大人がどうとりつくろって隠しても、子どもたち同士の間では明白なこととして受けとめられているからです。その違いは、無視の理由や、あるいは他者を傷つけることの言い訳にすらされることが多いのです。しかしながら、この違いにはもっと重要な性質があると私は考えています。つまり、それは私たちの類似点でもあるのに、あまりはた目にはわからないものです。多くの人々にとって、子どもにとっても大人にとっても、あてはまることなのですが、みんなに共通することは「周囲の人に理解してもらいたい」という心情です。子どもでも大人でも、教育さえ受ければ、ほとんどの人は他者に対して思いやりがあり理解し合うということも真実だと、私は信じているのです。

　こういう考えに基づいて、私はこの「友だち理解プログラム」を生み出しました。内面では同じ心情をもっているけれども、日常生活のすべてに困難をもつ人たちが外で経験することや、そのときどのように感じているかという体験学習を提供することで、定型発達の子どもたちの理解を育むことができると考えたからです。このたび、この授業案と指導アプローチが日本語に訳されると聞いて、わくわくしています。 これは、一見主流派から逸脱し、違って見える人たちに対する理解と受容を構築するすばらしい機会となります。この授業は、日本の学齢の子どもたちに、こういう違っている人たちも、そのありのままの姿で受け入れられている世界もあるのだという国際的な視野に立って社会を見ていく力を育て始める絶好の機会となると信じています。

キャサリン・フェハティ
Catherine Faherty

「友だち理解プログラム（Understanding Friends Program）」は、小学校の低学年と中学年の子どもたちを対象として設定された活動です。小学校高学年以上に対しては、これをもとに応用したバージョンを設定することが可能です。

ここでは、まず基本形としての指導案プランAと、事前に教師が用意すべき準備物について説明します。20年以上にわたって数千人の児童生徒たちにこの活動をさせた結論として、私は、このノーブランドの活動案を超えたところまで話を進め、実際の"その子"について正確な情報を提供しながら、クラスの子どもたちと特定の事柄について具体的に話し合うことこそが、ほとんどの場合にもっとも有効であるということを見出しています。またプランBとプランCという2つのバリエーションも、このことについての役立つ方法となることでしょう。

プランA 基本形 「友だち理解プログラム（UFP）」の導入

「UFP」は、とりあえず"一般的な話"として導入することが可能です。ここで重要な考え方と問題点について取りあげ、話し合いをさせます。しかしながら、特定の子どもやグループについての固有な特性については、この時点では取りあげないようにします。

この授業における導入部分は、それ自体で完結するもので、以下の3つの、その後の展開につながる内容を含みます。これについては次の項に完全な形で載せています。

> Part 1―能力：人はみんな、違ったものをもっているし、また、同じものをもっていることもある
> Part 2―能力の違いについての体験学習
> Part 3―言語理解のデモンストレーション

この授業はここで終了することもできます。または、以下のいくつかの活動選択肢から選んで継続することも可能です。

| プランB オプション | 特別支援教室やその在籍児童について紹介する |

　　プランAの導入部分のあと、その学校にある特別支援教室と在籍児童について紹介します。この授業の対象クラスに、特別支援学級の在籍児童が協力学級として在籍し、いくつかの学習活動に参加している場合、あるいは、このクラスの児童が特別支援学級の児童のピア・チューターをしているか、縦割り班や登校班などでかかわる機会をもっているのであれば、この情報は必要であろうと思われます。

| プランC オプション | クラスメートを理解しよう |

　　プランAの導入部分のあと、このクラスにいる自閉症のクラスメートについての話し合いをもちます。この場合、その自閉症スペクトラム（ASD）の子は、通常学級に在籍しているケースにこのオプションを選択します。なぜなら、ほとんどの子どもたちがその子のことが気になって（おそらくは誤解に基づいて）いぶかしく思っていることがあるに違いないからです。そのASD児の状態によりますが、この話し合いの段階では、その子は退席しておいたほうがよいかもしれません。

個人情報の守秘義務に関連する注意事項

　　担任教師としてクラスの子どもたちに、自閉症についての説明や自閉症が学級環境やクラスの雰囲気にどのような関係があるかということをきちんと教えておきたいと考えるならば、そのASD児の保護者の十分な理解に基づく許可を得てからでなければ実施すべきではありません。その子の理解レベルや年齢によっては、その子自身の許可も必要となります。なかにはその子の障害名を公表することをよしとしない家族や不快に感じる子どももいるのです。ここでは明らかに守秘義務の遵守が最大の懸案事項ではありますが、守秘義務という人道上の配慮以前に、このような個人的な情報を他人に公開することをためらう親や子の個人としての心情は、断固として守られ尊重されなければなりません。この場合、教師がなすべきことは、一般論として基本形の授業案で子どもたちに指導をすることです。

「友だち理解プログラム」の指導案

A. 「友だちを理解する」導入 [一般論による基本形]

「UFP」は、"一般論を教える基本形" として授業展開することができます。一般によくある問題が取りあげられ、話し合いをさせます。しかしながら、特定の子どもやグループの固有の問題は取りあげないようにします。年齢層や学年に合わせて、応用して適用することも可能です。この基本形は、プランBやプランCと組み合わせる場合には、授業の導入として用いることができます。この基本形は、通常約45〜60分の授業です。

準備：体験学習をさせるための準備が入念にできるよう、十分早めに教室に行く。体験学習の詳細については後述を参照のこと。

Part 1 　能力

行動目標：私たちはみんな「違うところ」と「同じところ」をもっていると知る

ここでの目標は、今、自分がもっているのとは「異なる能力」をもつということがどういうことなのか想像力を働かせて理解することであることを説明します。そのことによって、他の人たちが自分が思うこととは異なる行動をとるのはなぜかということを理解するようにします。「能力」という単語を黒板に板書し、その意味について説明します。次に、「ユニーク（個性）」という単語を板書し、それについても意味を説明します。

一人ひとりの人は異なる能力をもっているということを説明します。このクラスの中で、他の人と違うところをもっている人がたくさんいるということを、先生は見つけたいと思っていると言います。以下の点について思い当たるところをもつ人は挙手をさせます。

・自転車に乗れる人は誰？
・ローラースケートのできる人は誰？

第2部 友だち理解プログラム　63

・ローラーブレードのできる人は誰？
・5の段までの掛け算の九九を言える人は誰？
・分数のやり方がわかっている人は？
・6の段から9の段まで掛け算の九九を言える人は？
・字をどうしてもきれいに書けない人は？（または、筆記体（漢字）
　の練習がもっと必要な人は？）
・字がきれいな人は誰？
・ビデオゲームの得意な人は誰？
・中くらいのスピードで走る人は誰？　かけっこの遅い人は誰？
・早く走ることのできる人は誰？
・編み物のできる人はこのクラスにいますか？
・クッキーを焼ける人は誰？
　　などなど…

　どの子もすべてについて簡単に「できる！」と言えるような質問ばかりでないことが重要なので、教師は多様な質問を用意すべきです。たとえば、1年生に対して、あるいは、最初の質問のすべてに全児童が「私です」と手をあげるようなら、以下にあるような質問を加えていくとよいでしょう。

・背が（　　）センチメートルを越えている人は誰？
・髪が肩より長い人は誰？
・自分より年下のきょうだいのいる人は誰？
・めがねをかけている人は誰？
　　などなど…

　『学級の中で自分を個性的にしている"人とは異なる能力や性質"というものを、どの子ももっているのだ』という事実について説明します。
　ここで、運動場でのとあるシーンについて説明し、そして、子どもたちに次の質問を投げかけます。
　「運動場で、キックベースボールとかドッヂボールで遊んだことはありますか？　自分が蹴る番が来たとき、思いっきり遠くまで蹴ろうと思い、ボールが自分のところに来たので思いっきり蹴ったんだけど、足が滑ってボールに当たらなかったとか、そんなこと経験したことありませんか？」

教師はこの質問をしながら、よりドラマチックに子どもたちに思い
浮かべさせるよう、実際にやってみるのもよいでしょう。そしてまた
聞きます。「そんなとき他の人たちから『ドンマイ、ドンマイ。大丈
夫だから、もう一度やってみたら』と言われるのと、『バカやろう！
ちゃんとやれよ！』と言われるのと、どっちがよいと思いますか？」
　たいていの場合、ほとんどの子どもたちはやさしい声かけをしても
らうほうに賛同します。
　そこで「周りの人には自分にやさしくしてもらいたいと思う人はい
ますか？」と質問を投げかけます。質問は、子どもたちの理解言語に
合わせて若干修正してもよいでしょう。たとえば「わかってくれる友
だちがほしいと思う人はいますか？」あるいは「友だちが自分を理解
してくれるといいなと思いますか？」など。
　一人ひとりが異なる能力、才能、そして性質をもっているにもかか
わらず、私たちは基本的なある点で同じだという事実について説明し
ます。すなわち、人というものは、周りの人に自分を理解してもらい
たいものであるということです。
　もし基本形で一般論を教えているのであれば、ここで、以下に説明
する次の part 2 の活動についての説明を開始します。
　もしプランＢを採用するならば、ここで、校内の特別支援学級
である「○○学級」についての説明を開始します。そして、以下の
Part 2 に進みます。
　もしプランＣを実施予定ならば、ここで、＿＿＿＿＿＿　さん（同じ
クラスの友だち）についてより深く理解するための勉強を開始するこ
とを説明します。それから、Part 2 に進みます。

Part2　体験学習

　これから行う体験学習について説明し、クラスを３つのグループに
分けます。もし４つの体験コーナーを設定するならば、このとき４つ
のグループに分けるようにします。私の経験からいえば、３つの活動
が適当です。それにより、子どもたちを授業から逸脱させることなく
統制がとれ、また、この活動を実際の制限時間内に終わらせることも
可能だからです。体験学習をさせるために各コーナーを設置しますが、
このときの効果的な活動のリストは後述します。
　各コーナーのテーブルの教材を示しながら、各コーナーでの活動内
容について簡単に説明します。たとえば、手先の巧緻性の困難の体験
コーナーでは「ここでテーブルに着いたら、この大きな手袋をはめま

す。どれも、わざとみんなの手より大きい物を用意していますので、大きすぎても気にしないように。この手袋をはめたまま、ビーズ通しをして、次にボルトとナットとワッシャーを組み立ててみます。こうやってみると、手の筋肉が今のように動かない状態を経験することができます」。

高学年の子どもたちには、「手先の巧緻性」という専門的な表現を使って説明することもよいでしょう。この活動を楽しんで行ってもよいのだということを子どもたちに伝えておきますが、同時に、子どもたちには手先の巧緻性に障害があると、他にどんなことが難しいだろうかということについて考えるよう指示しておきます。手の不自由な人にとっては、他にどんなことが自分たちと違うだろうかと考えさせます。また、手が不自由であるということは、他人から見たらどんなふうに見えるだろうかということや、どのようなサポートが必要だろうかということについても考えさせます。

体験学習の各コーナーは、必ず大人（教師陣）が指導にあたります。各コーナーの担当指導者である大人は、各グループが体験している間に、子どもたちの思考を深めるような質問をします。

一つのコーナーから次のコーナーへと子どもたちのグループをローテーションで体験させますが、時間がきたらベルなどを鳴らして子どもたちに知らせます。子どもたちの興味をつなぎとめるためには、一つのコーナーにあまり長く時間をとらないようにし、また、コーナーからコーナーへの移動はすばやくさせます。各グループが全部のコーナーを体験したことを確認したら、誰かボランティアで前に出てくれる子はいないかと呼びかけます。その場合の児童は、教師の指示をすばやく理解して行動することのできる態度をもつ子を選ぶのが望ましいでしょう。こうして、子どもたちが自分の席に戻ったら直ちに、アシスタント役の児童を選抜します。これをすばやく行うことによって、子どもたちを直ちに自分の席に戻るよう促すことになります。

Part3　言語理解のデモンストレーションを観察する
「食事の準備を整えなさい」

　子どもたちが自分の席に戻る間に、黒板の前に机の上に、10～15個程度の雑多な用具を並べておきます。これら用具の中には、椀、皿、コップ、スプーン、箸などを混ぜておき、机の上にランダムに置いておきます。そして、子どもたちからは見えないところに、椀や皿、コップ、箸などを並べるための線を引いたテンプレートを準備しておきます。この段階では、この"食事の準備のジグ"はまだ隠しておきます。

　代表でアシスタント役の子どもを決定したら、その子に前に出てきてクラスメートのほうを向いて机につくよう指示します。クラスの特性や状態によっては、いじめっ子あるいは共感性を育む必要の高い子どもを選ぶと、その後の学級運営に非常に有効な場合があります。しかし、その場合も、その子自身が挙手して主体的にアシスタントを務める意思を表明している場合に限ります。

　その子に、先生の言っていることがよく聞こえているか、そして、先生の指示を正確に行うことができるか確認し、先生の言うことを注意してよく聞くように言います。次に、声のトーンをまったく変えずに、机の上の用具を指差しながら、外国語でテーブルセットをするように指示します。日常的にギリシャ語と英語の両方を話す家庭に育った私は、この場合には常にギリシャ語を使うようにしています。もし先生が第2外国語を話すことができない場合には、事前に誰かに習って、外国語で正しくテーブルセットの指示が出せるように練習し記憶しておくべきです。もちろん、この場合には、アシスタントになる子がこれから授業者が使用しようとしている外国語を知っていれば目的を達することができないので、知らないとあらかじめわかっている子どもを選抜すべきです。また、その地域でよく知られている第2外国語ではない言語を選択すべきだともいえます。授業者によっては、何かしらでたらめな言語のようなものを創作して使用するのを好む人もいますが、それも悪くはないでしょう。

　その外国語の指示をゆっくり繰り返して言い、次に大声で言います。テーブルを指差したりし、子どもの年齢によっては、教師はイラついた振りをしてもよいでしょう。高学年の子どもたちや大人向けには、この部分を長めにやったりアレンジしたりしてもよいです。その反対に、低学年対象の場合には、この部分は短めに終わるのがコツです。以下の私の経験からの注意事項を参照してください。

第2部 友だち理解プログラム　**67**

【注意事項】

　幼稚園から小学2年生くらいまでは、この部分を非常に短く終わるのがベストです。特に幼稚園児の場合、アシスタントとして前に出てくれた子がナーバスになったり、頻繁ではありませんが、この活動の目的を理解しないままで終わったりすることがあります。幼児相手の場合、私はしばしばこの部分を飛ばして実施しないようにしています。その代わり、その子が前のテーブルに着いたらすぐに食事の準備のジグを見せ「このジグを見て、先生が何も言わなくても何をしてほしいかわかりますか？」と聞いてみます。そして、その子がうまくやれるようにできるだけ手助けします。やり遂げた子どもをほめ、クラス全員に拍手をするように言います。楽しく行えるよう、雰囲気づくりに留意します。

　少し年長の子どもたちの場合には、食事の準備のジグを取り出して見せてから、テーブルの上に置きます。その子がそれでも迷っているようなら、一つひとつのジグの線画を指差し、どの用具をその上に乗せるべきか形でわかるように教えます。たいていの場合、子どもはすぐに何をすべきか理解して、お椀や皿、箸などを線画の上に並べ始めます。

　その子が全部を並べ終わったらほめ、クラスに拍手をするように言います。そして、その子になぜ先生が言葉で指示したときにはできなかったのかみんなの前で質問します。先生が言った言葉が聞こえなかったのかどうか。それから、ある人たちの中には人々が何かを言っているのは聞こえるけれども、ちょうどまったく知らない外国語を聞くときみたいに、言われた内容がまったく理解できない人たちがいることを説明します。

　「先生が外国語で何か言ったとき、何かをするように言われていると思いましたか？　言われたことが理解できないとき、どんな気持ちがしましたか？　あなたは最後には、食器並べをすごくうまくやってくれましたが、どうやってどうするべきなのかわかったのですか？」などと質問します。そして、全員の注意を、再び視覚的なキューのほうに集中させるようにします。

　食事の準備のジグを持ちあげて見せながら、クラス全員に対して、もしこの絵を見たならば自分にもできたかどうか、質問します。いつもいつも人々が話していることの全部を理解できているわけではありませんが、もし見てわかるもの、線画や写真や絵などの視覚的な助けがあればほとんど理解できる特性をもつ子どもたちがいることについ

て話して聞かせます。その子たちは、ただ聞くだけのときより、何を
すべきなのか見ることができればもっとよくわかるのだということを
話します。学年によっては、この話し合いのときに、「言語理解」で
あるとか「聴覚処理」とか「視覚的な学習」などの用語を紹介すると
よいでしょう。

　学習のスタイルは人によって違うことについて話し、なかには聞く
だけのほうがよく理解できるタイプの子どももいれば、読んで学ぶほ
うがうまく理解できる子どももいるし、実際に行うことで学ぶタイプ
の子どもいることを教えます。こういった知識や理解は、特別支援学
級や通級学級がなぜ存在するかということを教えるのに、非常によい
導入となります。

　もし一般論として基本形の授業を行うのであれば、この段階で授業
を終わること。そして、体験学習を通して考えたこと、感じたことな
どについての質疑応答の時間をとり、最後に、一人ひとりは違ってい
ること、そしてそれでよいのだということ、どの部分はみんな同じな
のかについて再確認し、授業の締めくくりとします。一人ひとりが個
性を大事にすることについて話をします。さらに固有の部分について
話を進めるのであれば、ここからプランBまたはプランCに進みます。

第2部 友だち理解プログラム

プラン B
オプション

特別支援学級とその在籍児童について紹介する

　在籍児童全員の保護者の了解を得たうえで、特別支援学級の子どもたちについて紹介します。このことは、一人ひとりの子どもの保護者から入手した大きく引き伸ばした写真を用いたり、あるいは、事前に準備したスライドを用いるなどして実施するのが望ましいでしょう。この時点では、一人ひとりの子どもについての情報は少なめに短くふれるのがよいでしょう。たとえば、以下のようなことです。

・その子には何人のきょうだいがいるか。
・その子は何に興味をもっていて、何が得意で、どんな性質をもっているか。
・その子の好きなことについて（活動、おもちゃ、食べ物など）。
・今、その子が練習していること。
そして、
・その子にどのように接したらよいか、具体的な助言。たとえば、その子の興味関心をひくもの、または、必ず反応を返す事柄などについて教える。

　以上のような情報を教えている間に、その子とみんなとの共通点に気づいたことがあれば発表するように子どもたちに言います。たとえば、「この子と同じように、お姉さんが2人いる人はこの中にいますか？」または「この子と同じように、チョコレートアイスが大好きな人はいますか？」など。
　クラスの子どもたちのほうから在籍児童について質問が出た場合には、ていねいに答えます。この場合、その子の好感のもてる部分や個性について強調して話して聞かせるよう留意します。そして、再び、一人ひとりは違っていて、そして、どこかしら共通点があるということを思い出させます。

プランC オプション	特定の（自閉症スペクトラムのある）クラスメートについて理解する

　たいていの場合、そのクラスに自閉症をもつクラスメートがいるとすれば、高機能自閉症かアスペルガー症候群です。そして、おそらくその子は、日中の多くの授業や活動を通常学級で過ごしているものです。もしそうであって、しかも、小学3年生より上の学年であれば、キャロル・グレイが考案した授業案『シックスセンスⅡ』（第3部に収録）を適用するほうが妥当でしょう。この授業は、児童生徒や教師たちに対して、自閉症や自閉症の特性がその子の対人関係スキルに与える影響について学ぶことをアシストしてくれるすぐれた方法です。特に、私たちのもつ「相手の視点に立つ能力」の違いについて学ぶことに適しています。この授業案は、また、成人の就労現場の同僚たちや教師や支援職、および親たちにとっても非常に効果的な学習をもたらしてくれるすぐれた活動案です。

　さらに自閉症について学びたい、あるいはその特定の子どもについて説明するための情報を得たい場合には、『アスペルガーって何のこと？』（キャサリン・フェハティ著・川島書店より刊行予定）の適切な章を参照してください。

■児童書の活用

　この授業の最後で、あるいは別の機会にでもよいのですが、しばしば「人は違っている」や「個性的であること」「自閉症」やそういったことへの考え方・受けとめ方を示唆する内容の児童書を読み聞かせすることも効果的です。もしクラスメートが高機能自閉症かまたはアスペルガー症候群をもっているのであれば、私は多くの場合、物理学者のアルバート・アインシュタインの児童向け伝記（イビ・レプスキー著）の読み聞かせが非常に有効だった経験をしてきました。もしその子がほとんどしゃべらず特異な行動が多い場合に、最近私が好んで読み聞かせる児童書は、『イアンの歩き方』（ローリー・レアス著）です。近年、個性的であることや人は違っていてよいということを主たるメッセージにしているすぐれた児童書は非常に多く、なかには自閉症という言葉を用いているものもあります。毎年新しい本が出版されているので、気をつけて探してみるとよいでしょう。

「友だち理解プログラム」準備物リストと体験学習の解説

対象は、1学級とします。

体験学習として設定するのに効果的な4つの活動について説明します。1回の授業で、次の4つのうち3つまでを選んで活用するのが望ましいでしょう。それにより、1単位時間内（45〜60分）で授業を終わらせることが可能となります。

①手先の巧緻性に関する体験学習

【準備する物】
・園芸用布製手袋：1グループの人数分
・一人分ずつ容器に入れた紐とビーズ：1グループの人数分
・一人分ずつに小分けしたボルト・ナット・ワッシャー：1グループの人数分
・活動用のテーブル1つと1グループの人数分の椅子

各児童は手袋をはめて、ビーズ通しをしてみたり、ボルト・ナット・ワッシャーの組み立てをしてみたりする。

【ヒント】幼稚園の年長組の場合、手袋は片方だけはめさせ、ビーズは大きいサイズのものを用意する。

②視覚のちがいに関する体験学習

【準備する物】
・安全用（花粉症用）ゴーグル：人数分
・レンズをくもらせるためのワセリンまたは軟膏類、または、サンドペーパー
・線入りノートと鉛筆：人数分
・年齢相応の書籍
・活動用のテーブル1つと人数分の椅子

各児童は軟膏を塗ったりサンドペーパーでこすってレンズをくもらせたゴーグルを装着する。くもったゴーグルのレンズを通して、線の上に文章を書いたり、本を読んだりしてみる。

【ヒント】書き終わるか読み終わるかするまで、子どもたちにゴーグルをはずさせないこと。

③触覚等の感覚受容のちがいに関する体験学習

・マスキングテープ1巻と双眼鏡

　床にある程度の長さのマスキングテープを貼り、子どもたちにその上を線に沿って歩かせる。子どもたちには双眼鏡を反対に持たせながら歩かせてみる。これは、ものがゆがんで見える場合についての体験学習である。

・約1.5メートルほどの長さの毛糸数本

　毛糸を使って子どもたちに縄跳びをさせてみる。これは、「とび縄」の重さについてのゆがんだ感覚の体験学習である。

・指や手のひら部分の内側にマジックテープが縫いつけられた園芸用手袋と手のひらいっぱいの羊毛あるいは羽毛

　ジカジカする手袋をはめてみたり、やわらかい羽毛や羊毛をつかませてみる。子どもたちがこういった活動に取り組んでいる間に、教師はわざと子どものそばを歩いたり、子どもの腕をさわったりして、肌に突然の感覚刺激を与え（異常にジカジカしたり、不快なほどにやわらかい感覚を与えてみる）、そのときの気持ちに思い至らせる。

第2部 友だち理解プログラム　73

④注意集中や聴覚刺激のちがいに関する体験学習

【準備する物】
・ヘッドフォンと音響の機械：人数分
・不快な雑音を収録した音源などの音楽メディア
・集中力を要するやや難易度の高いワークプリント：人数分
・鉛筆：人数分
・活動用のテーブル１つと人数分の椅子

　子どもたちにはヘッドフォンをさせ、不快雑音を聞かせる。子ども
たちはその音が耳に流れているにもかかわらず、制限時間内にワーク
プリントをしあげなければならないと指示する。雑音の中から必要な
情報を聴覚的に選択して聞き取り、集中して活動に取り組むことの難
しさに思い至らせる。

第3部

シックスセンスⅡ

キャロル・グレイ

（自閉症スペクトラム障害をもつ児童生徒のコンサルタントで
ソーシャルストーリーズ™とコミック会話の考案者）

THE SIXTH SENSE Ⅱ   by Carol Gray
Copyright C 2002 by Carol Ann Gray
Japanese translation published by arrangement with
Future Horizons Inc, through The English Agency (Japan)Ltd.

目的	児童生徒たちの、「自閉症スペクトラム障害をもつ同級生への理解と支援」を向上させる。

本時の目標

1）児童生徒は、五感が、どのように情報を集めているかを明らかにする。

2）児童生徒は、視覚障害または聴覚障害をもつ同級生の支援方法のアイディアをリストアップする。

3）児童生徒は、人間は相手が何を理解し、知り、感じているかについてのどのように推察をするかについて知る。

4）児童生徒は、「友だちづき合い」がなぜ「シックスセンス（六番目の感覚）」と考えられるのかについて発表する。

5）児童生徒は、視覚障害または聴覚障害をもつ子どもたちが経験している困難について考えて発表する。

6）児童生徒は、対人コミュニケーション障害をもつ同級生が経験していると思われる困難について明らかにする。

7）児童生徒は、友だちづき合いのうえでコミュニケーション障害をもつ同級生への支援の方法のアイディアをリストアップする。

教材

1）隠すための小さな小道具（テディベアなど）

2）黒板とチョーク、または、ホワイトボード、またはプロジェクター

3）以下のものの、大きな写真か絵

　　・目、鼻、口、耳、手

　　・子どもたちがスポーツをしているところ

　　・基本的な感情を表す顔の表情の写真か絵

所要時間

1〜2時間

みんなでリストアップしたものは、授業が終わるまでは消去しないこと。

特記事項

事前に、自閉症スペクトラム障害をもつ特定の子どもの親と、この『シックスセンスⅡ』の授業について話し合っておくようにします。親は、往々にして疑問をもちがちですし、あるいは、親との事前協議によってこの授業の実施にあたってはいくらかの修正が必要になることがあります。詳細は、付録「FAQ：よくある質問とその答え」を参照してください。

　授業展開は書体を変えています。ゴチック体は、発問の参考例です。

76

導入部　●導入発問例

「きょうは、みんなのクラスのお友だち○○さんについて、大切なことをお話ししたいと思います。みんなもわかっていると思いますが、みんなと同じように○○さんは△△が好き（興味をもっています）です。みんなと同じように、○○さんは多くのことをよくがんばっています。そして、みんなと同じように、ときどきお手伝いしてもらいたいことがあります。○○さんは、人と一緒に勉強したり遊んだりするのにお手伝いが必要です。みんなにはそのお手伝いができます。その第一歩は、○○さんにとって、なぜ、人と一緒に勉強したり遊んだりすることがそんなに難しいことなのか、わかってあげることなんです。どうか、今からお話しすることをよく聞いてくださいね。それを聞けば、○○さんをどういうふうに手助けしてあげられるかといういくつかの方法を思いつくはずです。○○さんを手助けする方法をみんなで一緒に考え出すときには、みんなの考えがとても重要なんです」

五感について学ぶ

　見えること、聞こえること、味わうこと、におうこと、さわって感じるという五感について調べることは、その後に続く「六番目の感覚・友だちづき合いに関する感覚」を理解するのに役立ちます。教師や指導者は、五感についての子どもたちのディスカッションをリードします。ディスカッションを深めるために写真や絵のリストを、以下の発問などと同時に提示するようにします。

1）見るとき／聞くとき／匂いをかぐとき／味わうとき／さわって感じるとき、どんな情報を集めますか？

2）あなたは、見る／聞く／匂いをかぐ／味わう／さわって感じる方法について、誰かに教わりましたか？

　次に、視覚と聴覚の２つに焦点をあてます。視覚および聴覚に関する情報を、以下の発問によるディスカッションの深まりに合わせてリストに加えていきます。

3）見る力や聞く力がなかったら、どんな感じだと思いますか？

4）クラスに、見えない人、聞こえない人がいたら、あなたはどんなふうにお手伝いしたらいいと思いますか？

　次の表に示しているのは、イラスト入りの視覚に関するリストの参照例です。

視覚（見えるということ）

1. どこに行くかがわかる、読むことができる、安全でいるように気をつけることができる、ボール遊びをすることや何かを探すことができる。
2. 誰も「見る」方法を教えてくれたわけではない。視覚とは「感覚」の一つ。
3. 見ることができない人たち：
    ＊あちこちに行くときに安全なように、お手伝いが必要
    ＊他の人が読めるものが読めない
4. 同級生に読むことができない人がいた場合にできるお手伝い
    ＊点字
    ＊グラウンドで遊ぶときのお手伝い
    ＊教室で、物がいつも同じ場所にあるようにする

相手の視点に立つことと六番目の感覚（シックスセンス）

　　五感とそれらが提供する情報についてのディスカッションは、六番目の感覚（シックスセンス）についての自然な導入となります。授業は、その後、私たちは「他の」人たちが見えていること、聞いていること、さわって感じること、味わっていること、匂いをかいでいることをどのように知るのか、という体験学習へと続きます。2つの視点に立つ経験によって、私たちが、相手の知覚（感覚）や認知（相手が知っていること）の視点というものを、どのように正確に推察して、予測するかがわかります。そして、3番目の体験学習によって、相手の（親愛の情という視点）の感情を見分ける手がかりを探しあてるのです。

　「さて、ここまでに私たちみんなで、黒板に書き出した五感に関する学習を進めてきました。私たちは、見ること、聞くこと、さわって感じること、味わうこと、そして、匂いをかぐことを誰からも教えてもらったわけではありません。そして、私たちは、友だちづき合いについても同じような感覚というものをもっているのです。それは、他の人と一緒に遊んだり勉強したりするのに役立つ能力です。では、今から、友だちづき合いの感覚というものが、どのような役割を果たしているか（機能しているか）、お話ししましょう」

感覚について相手の視点に立つ体験学習

　この体験学習では、児童生徒たちは相手の目を通して「世界を見る」能力に気がつきます。これは、離れたところからさえも、誰かが見たり、聞いたり、味わったり、匂いをかいだり、さわったりしたことが正確にわかる能力です。この時点でもまだ、基本的な五感に焦点をあてているものの、この体験学習を通して、子どもたちは、自分たちが相手の感じていることを読み取る力は、自分にとって大変価値のある情報を提供してくれるものだということに気がつくのです。この活動は、ドーソンとフェナルド（1987）の研究に基づくものです。

・ 教室の後半部の座席に座っている児童生徒から一人ボランティアを募ります。この児童生徒に、そのまま席に座っているように指示します。

・ その児童生徒に、その席に座ったまま見えるものを簡単に説明させます。たとえば、黒板や教室の時計やポスターなど。

・ その児童生徒に、教師あるいは指導者が見えているものについて説明するように言います。おそらく、その児童生徒は、先生から見えているものは生徒たち、生徒の机、教室の後ろの壁にかかっている掲示板、などを言います。

・ 教師あるいは指導者の後ろにあるもの、たとえば、黒板や時計などをあげます。そして、それらに背を向けたまま、その生徒のほうを向き、教師あるいは指導者の今の向きから黒板や時計などが教師あるいは指導者に見えているかどうか聞いてみます。その生徒は否定するはずです。そこで、その生徒に次のように聞いてみます。「どうしてわかりましたか？」「私が見えているものを、あなたはどうやって知ったんですか？」

　私たち人間は、他の人が見るもの、聞くもの、におうもの、味わうもの、さわって感じることなどについて、たとえその場に一緒にいなくてもわかるのです。どうやってそれがわかるのか、誰かに教えてもらいましたか？　それとも、ただ自然にそれができるのでしょうか？

　次のイラストにあるように、今、学んだことを黒板の真ん中に記録しておきます。

私たちは、他の人は何が見えて、何が聞こえて、どんな味がして、どんな手ざわりがして、どんな匂いをかいでいるのかがわかります。

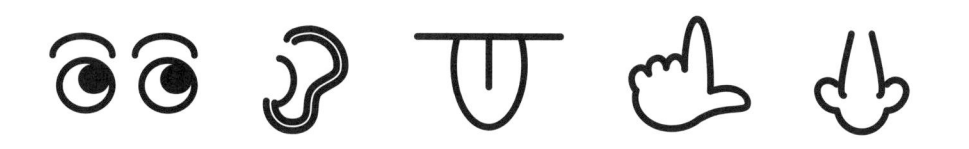

認知の違いについて相手の視点に立つ体験学習
（バロン・コーエンほか 1985、ウィンマー＆パーナー 1983 の研究より）

　　これまで述べてきた視覚的な感覚における相手の視点に立つ体験学習に比べて、認知に関する相手の視点に立つ体験学習は、若干、難しくなりますが、より興味深いものでもあります。五感の話からは離れて、自分の経験に基づく生徒たち自身の知識によって、他の人がわかることについてどのように自分が「自動的に」その人の考えをたどっていくのかについて、生徒たちは理解することになります。このことは小学生にとっては、かなり好奇心をかきたてられる活動でもあります。というのも相手の知っていることや考えていることについて、非常に正確な推測をすることができるということを発見するからです。これにより、人が相手に対してどのように行動したり反応したりするかを予測することができるのです。文献的には、「Theory of mind 心の理論」と呼ばれています（バロン・コーエンほか 1985）。以下に続く体験学習は、バロン・コーエン（1985）やウィンマー＆パーナー（1983）の研究に基づいています。子どもの興味をひく小道具を用いて、一つひとつ段階をふんで行うことによって「心の理論」が示していることがよりわかりやすくなります。

・小さなもの（テディベアなど）を隠すところを、全生徒がよく見ていることを確認し、隠しながらそれをどこに置いたか、子どもたちにはっきりと伝えます。「ほら、今からこのテディベアを教卓の引き出しに隠すので、よく見ていてください」

・誰か一人、ボランティアを募ります（今回はアダムに頼みます）。

・アダムに教室から出て、教室から見えないところにいるように指示をします。

・アダムが教室から出るやいなや、静かに他の子どもたち全員の注意
　をひきます。
・ゆっくりした動作で、その小道具（テディベアなど）を先ほど置いた
　場所（教卓の引き出し）から取り出し、別の場所に改めて隠します。
・アダムを呼び戻し、席に戻るように言って、協力してくれたお礼を
　述べます。

　「もし今、アダムにテディベアを探すように頼んだら、アダムは一番最初
にどこを見るでしょうか？　なぜでしょうか？　私たちは、他の人の知っ
ていることについてそれがどんなものなのか考えをめぐらすことができま
す。『心を読むことができる』ということでしょうか？　それとも推測して
いるのでしょうか？　本当は、私たち人間は、他の人がわかっていること
についてかなり正確な推測をすることができるのです。では、聞きますが、
そのやり方について、誰かに教えてもらいましたか？　それとも、それは、
五感と同じように、自分の頭の中で自動的にやっていることでしょうか？」

ここでわかったことについて、黒板にすでに書いているものにつけ加え
て板書します。

私たちは、他の人は何が見えて、何が聞こえて、
どんな味がして、どんな手ざわりがして、どんな匂いをかいでいるのかがわかります。

私たちは、他の人が知っていることがよくわかります

感情についての相手の視点に立つ体験学習

　　愛情または感情などの相手の受け取り方について正確に見分けるということは複雑であり、状況によっては非常に勘のよい大人ですら理解しがたいということもあります。ここでは、感情とそれに関連する手がかりについてのディスカッションは、基本的なことだけを手短かに終わらせるようにします。そのことにより、この授業を受ける児童生徒の発達段階に合わせた内容とし、また、この授業の目的を「見失う」ことなく、感情について相手の視点に立つという概念を紹介することにつながります。

・基本的な感情を表している顔の写真や絵を見せます。

・それぞれの写真または絵に描かれている感情を明らかにします。

・感情を見分ける基本的な手がかりについてのディスカッションを行います。

　　「さて、この人はどういう気持ちでしょうか？　どうして、この人がそう感じているということがわかりますか？」

　　子どもたちが発表するアイディアなどを黒板に書き出します。

気持ち（感情）を読み取るための手がかり

1. 表情（笑顔、しかめっ面）
2. その人が何をしているか（ジェスチャー、涙）
3. その人はなんと言っているか

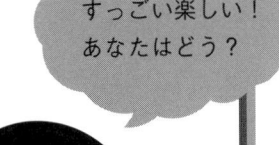

すっごい楽しい！
あなたはどう？

「私たちは、誰かがどう感じているかということをうまく推測することができます。私たちはそのときには、人が出す気持ちの手がかりを見つけて、推測の助けにしていますね。皆さんがここで書き出したように、人が感じていることの手がかり、そのサインを見つけようとその人の顔を見るのかもしれませんね。もし、その人が微笑んでいたら、その人は楽しいという推測をしますね。あるいは、もし、ある人がしかめっ面をしていたら、その人はたぶん何かを心配しているか悲しいと感じているのだろうと推測するでしょう。

　それから、私たちはまた、その人が何をしているかということも見ると思います。たとえば、ある人が泣いていたら、それはその人が感じていることの大きな手がかりとなります。あるいは、その人が歓声をあげて飛びはねていたら、それはその人がすごく興奮しているという大きな手がかりといえますね。ときどき、人の気持ちを読み取る手がかりというのは、あまりはっきり出ないことがあります。たとえば、私たちは、その人がふだんはきびきびと歩くのに、そのときはゆっくりとした動作をしているなど、そういう部分に気がつくことがあります。また、ある人が感じていることを示す別の手がかりを見つけるには、その人が言っていることに耳を傾けるという方法があります。私たちは、人の気持ちをよりよくつかむためにこういったサインを見つけるということをするのです」

　「黒板に書いたものを見てみましょう。私たちは、他の人が何を見たり聞いたり味わったりふれたり、そして匂いをかいだりするのかがわかります。私たちは、他の人がわかっていることをつかむことができます。私たちは、他者がどう感じるかを理解することができます。こういったことは、お互いについて多くの情報を手に入れ、そして、一緒に遊んだり勉強したりするときに、うまくやっていくためにはどうしたらよいかについて教えてくれます。これは、私たち人間のあるいは、社交的な感覚という能力なのです。では、黒板に書いているものを、六番目の感覚（シックスセンス）と題をつけましょう」

　ここでわかったことを、黒板の中央のリストに追加します。簡単なイラストもあわせてつけ加えます。以下に示されているようにリストを見直し、題をつけます。

私たちは、他の人は何が見えて、何が聞こえて、どんな味がして、どんな手ざわりがして、
どんな匂いをかいでいるのかがわかります。

私たちは、他の人が知っていることがよくわかります。

私たちは、他の人が感じていることがよくわかります。

社交的な感覚（シックスセンス）に障害があるということは、どういうことだろう？

　授業の場面では、児童生徒たちには、対人コミュニケーション障害とはいったいどんなものかということを考えてもらいます。相手の視点に立って物事を見たり受け取ったりする能力についてのディスカッションを経て、この能力を用いた具体的な実験に入っていくのです。視覚や聴覚に障害をもつ人のかかえる問題を理解することは、自閉症スペクトラム障害をもつ同級生の日々直面する課題を想像するよりはわかりやすいものです。視覚、聴覚とは異なり、社交的な感覚（シックスセンス）は、新しい概念です。このため、これら新しい考え方を理解するために、児童生徒たちにはいくらか考えの手がかりを与える発問が必要となります。

　「この六番目の感覚、シックスセンス（注：友だちづき合いの感覚、社交的な感覚とおきかえてよい）ということはどういうことでしょうか？　皆さんの考えを聞いてみたいと思います。シックスセンスに障害をもつ人たちが直面する困難について書き出してみましょう」

・もし、他の人が考えていたり、他の人が感じていることをわからなかったら、順番交代というのは簡単なことでしょうか？　それとも、難しいことでしょうか？　そして、それはなぜでしょうか？

・他の人がしたことについて、その人とその話をすることは簡単なことでしょうか？　それとも難しいことでしょうか？　そして、それはなぜでしょうか？

・なぜゲームにルールが必要なのかを理解することは簡単なことでしょうか？　それとも、難しいことでしょうか？　そして、それはなぜでしょうか？

・他の人が何かをしていることの理由を理解することは簡単なことでしょうか？　それとも、難しいことでしょうか？　そしてそれはなぜでしょうか？

・他の人のしていることに驚かされることがあるでしょうか？　そして、それはなぜでしょうか？

・他の人に怖い思いをさせられることがあると思いますか？

・友だちをつくるのは簡単なことでしょうか？　それとも、難しいことでしょうか？

　子どもたちの考えを書き出すために、黒板に新しいリストをつくります。たとえば、次のようなものです。

　「私たちはみんな、お互いにここにあげたようなことで手助けを行う

六番目の感覚（シックスセンス）に
障害がある同級生が手助けを必要とすること

1. 人と話をすること
2. ルールを守ったり、グラウンドや教室で順番を守ること
3. 他の人がどう感じているかをわかること
4. 他の人がしていることの理由を知ること
5. グループで行う活動やゲームに参加すること
6. 友だちをつくること

ことができます。このクラスのアンドリューは、こういった手助けを他の人よりも多く必要とするかもしれません。アンドリューは、六番目の感覚（シックスセンス）に困難をもっていますね。でもアンドリューは、一方で、すばらしい才能をもっていて、いろんなことが上手にできます。たとえば、みんなはすでに知っていると思いますが、アンドリューは読書が大変上手です。アンドリューがコンピューターを上手に使うことができるのも、みんなは知っていますよね。アンドリューは、私たちの読書やコンピューターの手助けをしてくれることがあるかもしれません。それと同じように、私たちは友だちづき合いという点で、アンドリューの手助けをすることができます。つまり、クラスの一員であるというのは、こういうことなのです。では次に、私たちがアンドリューをどんなふうに具体的に手助けできるかということについて話し合いたいと思います」

私たちは同級生として、
どんな手助けができるのでしょうか？

　自閉症スペクトラムをもつ同級生をどのように手助けするかということについて考えを出し合い、そのリストをつくり出していくのが、『シックスセンスⅡ』の授業のまとめ部分になります。これは、これまで学習を進めてきた内容のすべてを統合するすばらしい場面となります。すなわち、この授業の「大団円」ともいえる部分です。さらに、重要な個人的情報を加えるという場面でもあります。すなわち、児童生徒たちにとっては、これまで見たことのあるその同級生の行動を出し合い、そして、これまで学んできたこととを手がかりにして、考察を加えていく機会でもあるのです。プライバシーの守秘ということを強調することは、他人の個人情報を共有するときには、その責任がともなうということについて強調することにつながります。この学習活動は、一般的な情報と個別の具体的な関心事の実践的応用であり、また、児童生徒自身が、社会的な問題解決における重要な役割の担い手となることに役立ちます。最後につけ加えると、この最後のステップで今から紹介するプロセス、つまり対人関係上の情報を集めて新しい解決方法に到達するということは、さまざまな場面で対人関係を理解し応用するためのあくまでも一つの見本だということです。

この授業の前半でつくられたさまざまなリストが、児童生徒が自分で手助けになる行動についてのリストを作成する際には、当然、重要な手がかりになります。はじめに、この段階の学習活動部分の導入として、最初に目の見えない人や耳の聞こえない人をどう手助けするかということについて考えを発表し合ってみんなで上手にリストを作成したことをほめ（P 77、78）、これからやることの見本にしてもいいでしょう。次に、「六番目の感覚（シックスセンス）」について書き出したことを思い出せば「それはどんなことだろう？」と「どうすれば手助けになるか？」という考えを、結びつけるのに役立つことにつながります。最後に、これまでに見つけた困難を書き出したものが、自閉症スペクトラム障害（ASD）をもっている自分たちのクラスにいる同級生の手助けをするための新しい考え方を見出すための手がかりになります。

　「この授業のはじめのほうで、もしみんなが見たり聞いたりできなかったらどうだろうということを考えてみましたね。そして、見えない人や聞こえない人にどんなふうに手助けしたらいいかということについて、みんなはすばらしいアイディアを発表していました。ほら、みんなが考えたことを見てみましょう。1つは、グラウンドを歩き回るときにどう手助けしたらいいかというときのアイディアですね。それから次のは、教室の中の決まった場所に物をいつも置いていてあげたら、見えない人にも見つけやすいだろうというものですね。これらは大変すばらしい手助けのアイディアですよ」

　「アンドリューは、なぜ他の生徒と一緒に遊んだり勉強したりするのが難しいことがあるのかということを理解すると、アンドリューをどう手伝ってあげたらいいかということを考えるのに役立ちます。たとえば、この書き出した六番目の感覚（シックスセンス）の説明を見てみましょう。たぶん、アンドリューがめったに他の人と話をしようとしない理由は、何から話し始めたらいいかわからないということがあるのかもしれませんね。アンドリューは、他の人が何を考えていて何を感じているかという重要な推測を、私やみんなと同じように簡単に、あるいは素早くはできないかもしれないからなのです。このことを覚えておくと、私たちがアンドリューに手助けが必要な場面でどういうふうに手伝ったらいいか、その方法を見つけるのに役立ちます」

　「さてここで、今、書き出したものを見てみましょう。ここでみんなは、六番目の感覚（シックスセンス）に障害をもつ人たちが抱えている困難に

ついて考えてみました。この書き出したものを使って、学校やグラウンドで私たちみんなにできるアンドリューへの手助けのアイディアについて、話し合ってみましょう。たとえば、『六番目の感覚（シックスセンス）に障害をもつ人は、他の人と話をするときにちょっとした手助けが必要かもしれない』ということを話し合いましたね。私は、アンドリューにもこのことがあてはまると思いますよ」

・これまでに、他の人と話をするのが難しそうなアンドリューの様子に
　気がついたことがありますか？　そのとき、どうなりましたか？
・あなたの考えつく手助けはなんですか？
・アンドリューのために、何をしてあげたらいいと思いますか？

　アンドリューへの手助けの方法についてのディスカッションを導き、次のイラストのように書き出します。

手助けする方法

1．会話を始める。給食のときに、「一緒に食べよう」とアンドリューを誘ってみる。
2．ゲームのルールを紙に書き出す。アンドリューが自分の順番交代がわかるまで、静かに待つ。
3．アンドリューにはアンドリューの感じ方があることを理解して、親切にする。
4．アンドリューが「自分の居場所」を見つけて指示がわかるように手助けする。
5．もしもベンが「盗塁だ！」と言ったあとに、アンドリューがベースを持って走ってしまったとしても、がまんする。
6．まず、アンドリューと一緒に遊ぶとき、アンドリューについてよく知っている大人の人にも入ってもらうように頼んでみる。

まとめ　　　『シックスセンスⅡ』は、通常学級の子どもたちに、自閉症スペクトラム（ASD）のある人たちについての正しい情報を伝えるための学習指導案です。この授業は、興味深い体験学習とディスカッションを用いて、謎めいた行動についての「生徒間にいつの間にかできた暗黙の認識」を自閉症の研究に基づく正確な情報に置き換えるためのものです。正確な情報が用いられることで、役に立つ対応の方法や児童生徒たち自身が解決方法を導き出すことにつながるのです。

授業案「シックスセンスⅡ」について
よくある質問とその答え

Q 「シックスセンスⅡ」の授業を実施するかどうかの決定には、何が必要でしょうか？
どのような点が検討されるべき点でしょうか？

A 「シックスセンスⅡ」という授業が、その生徒と両親、そして、その学級全体にとって適したものかどうかの決定は大変重要な通過点です。この授業を成功に導くための前提条件としては、すべての関係者が前向きに参画しているということです。両親と専門家は、その個別の自閉症スペクトラム（ASD）の生徒とその生徒がおかれている状況に合わせて「シックスセンスⅡ」をつくり変えることを理解したうえで、この授業が効果的かどうか、について注意深く検討する必要があります。

　一般的には、「シックスセンスⅡ」を適用するかどうかの決定には、以下のことが検討されます。

1）児童生徒は、自分の診断名について知っていますか？　これまでの実践報告によると、「シックスセンスⅡ」の授業を実施する前に、児童生徒自身が自分の診断について知っていることが最善であると示されています。

2）この授業の計画の段階で、児童生徒自身を参加させることが可能ですか？　そうであるならば、どのように参加させることができますか？　多くの場合、本人自身が、この授業の目的や内容を理解しておくことは重要になります。本人が自分の診断について知ったすぐあとに、その児童生徒が所属する学級で「シックスセンスⅡ」の授業が実施されることがよくあります。

3）ASDをもつその児童生徒がとる行動の中で、周囲の人がいぶかしく思うような行動について、同級生が目にする機会がこれまでにありましたか？　児童生徒たちはそのような行動は変わっているがその点を除けば害のないものと見なしていますか？　そのような行動が生じる理由を説明することで、否定的なからかいの材料を生んでいた児童生徒の態度や理解を改善することができます。

4）この授業を実施することで、ASD の児童生徒の情報について同級生たち
　に知らせることになりますが、そのことについて、保護者や他の専門家た
　ちは納得していますか？　これはとても重要なことです。というのは大人
　たちの態度は児童生徒たちに見抜かれているからです。これは守秘義務の
　意味を教え、そしてその秘密はこの先も守られ続けるだろうということを
　教える貴重な機会となります。もしも児童生徒たちがそれを忘れてしまう
　ことがあれば、それを思い起こさせなければなりません。

5）この授業を実施する目的は、クラスにおける情報を正確に共通理解し合
　うことです。「シックスセンスⅡ」は、児童生徒とそのおかれている状況
　に対して、最善の方法といえるでしょうか？　決定によって、児童生徒た
　ちとある児童生徒の診断および同級生のよいところや困難を感じているこ
　とについて話し合うことになるかもしれませんし、「シックスセンスⅡ」
　以外のアプローチを使うことになるかもしれません。保護者や専門家は、
　シックスセンス以外のよく知られている方法をクラスの状況に合わせて活
　用することもできます。あるいは、中心となる概念を補足するために、別
　の方法を「シックスセンスⅡ」と組み合わせて使用されることもあります。

　　最終的には、「シックスセンスⅡ」を適用するかどうかは、児童生徒本人と
　保護者が決定することになります。

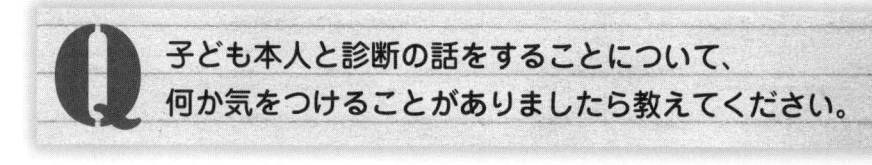

Q 子ども本人と診断の話をすることについて、
何か気をつけることがありましたら教えてください。

　　子ども自身に本人の診断について知らせる決断は、そして、その最善の伝
え方というのは、いくつかの要素によって左右されます。第1に、子どもに
自閉症スペクトラムという診断について説明する適正な年齢や日は存在しま
せん。その子の年齢、能力、社会的関心、そして性格といったものが、この
話題についていつふれるかという「時期」を決定する要素となりえます。こ
ういった要素が合わさって、子ども自身が自分の長所や短所についてより多
く学ぶ「心の準備」ができます。もし、その子が、自分の同級生と自分自身
を比較し始めているならば、しかも、それが、特に対人関係上の比較である
ならば、それは、診断について説明するよい機会であるといえます。その子

が自分自身についてもっと知りたいと思っているという手がかりとなるのは、その子自身がそういったタイプの情報を聞き始めるときです。その質問をするということは、その質問に対する応えへの心の準備が整っていることを示しているのです。

　診断についての告知というのは、別の言葉でいうと「診断についてどのように説明するか」ということになりますが、一般的には、それはすべての子どもたちが、彼ら自身固有な才能や困難について発見するときにすべての子どもたちが経験するものと同様のものです。たとえば、ピーターは、隣の席の子と同じように正確にすばやく算数の問題を解くことができないという欲求不満をもっているかもしれません。ピーターは自分が算数の問題を解くのには少しだけ勉強すればいいが、他の人は、かけっこでピーターほど早く走るためには何時間もの練習を要するし、しかも追いつけないかもしれない、というかたちで安心するものです。一般的に子どもたちは自分がもっている特別な才能や不得手なことについて同じような道筋で学ぶのであり、ASD の子どもも、同様に自分のペースで社会的な概念を学んでいくのでかまわないのだということを学ぶことができるのです。「あなた」というかけがえのないひとりの人間を構成している長所や短所を学んでいくことは、人間としての成長の一部であるのです。ですから、子どもと診断の話をするということを考えると、親はやや怖がるかもしれませんが、ASD でない子について知られていることを見てみれば、いくつかの手がかりを与えられることがよくあるのです。

　保護者と専門家にとって課題となるのは、子どもが質問を発したときに答えていくということであり、それ以上でもそれ以下でもありません。この課題に応えることは、文字どおりの意味ほど簡単なものではありません。というのは、それは、1）その子の質問の意味を吟味すること、2）非常に多くの情報の中から、さっと見る、その子が何を知りたがり、何について知っておく必要があるかということをつかむ、ということが求められているからです。このようにすれば、診断を認識することへの不安を軽減することにつながります。自閉症スペクトラムの診断について説明することは、何年にわたるプロセスの始まりにすぎないのです。子どもの質問に対する答えは、子どもの質問が、時間を経るごとに細部や深みを増していくという複雑さに合わせて、変化していきます。はじめからすべてを説明しつくす全体像を描きあげておく必要はなく、最初の一歩の役割は、ただ単に、絵の具箱へと誘うだけでいいのです。

自閉症スペクトラムをもつ子ども本人自身に対して診断を説明したり、障害特性を学んだりする時の、親や専門家のガイドとなる文章や書物はいろいろあります。一例をあげると、『ぼくの本（Gray, 1996）』（『自分について』（ASDヴィレッジ出版）に収録）は、その子に本人の性格、才能、また診断について、その子自身や親、また時によって専門家によってつくられた一連の活動や出来事を通して語られるソーシャルストーリーです。『ぼくの本』は、最初は、1996年に発刊された『The Morning News』（1996年秋号）の記事として書かれたものでした。同じ号には、他にも、同じような内容で、保護者であったエレン・タニス、デビー・ドナルドソン、そして、トニー・アトウッド博士、エドナ・スミス博士といった人たちが、子ども自身や友だち、そして、家族がその子の理解を得るのに役立つような記事を寄せていました。『The Morning News』の2002年春夏号にはローレル・ホークマンが自閉症の2人の息子であるベンジャミンとネイサンに彼らの障害について伝えた経験が掲載されていました。

　『ぼくの本』が、もしその子自身が自分を理解するための絵の具箱になるとするならば、他の書物や文章は親や専門家が、子ども自身が自分の診断を理解するという、1枚の絵の細部を繰り返し描いたり色づけしたりすることだといえます。『アスペルガーって何のこと？（Faherty, 2000）』（川島書店より刊行予定）というワークブックは、ASDの子どもが自分自身を理解するプロセスにおいて、すばらしい友となってくれる可能性を秘めています。このワークブックは、順序立てていくつかのトピックごとに学習を進めるようにできており、それぞれ1回に1つずつの項目について理解をすすめるようなスモールステップで構成され、子ども一人ひとりとまたその子を取り巻く人々が、診断について理解しようと努力する際に、ていねいに導いてくれるものです。

「シックスセンスⅡ」の授業を行うと決定したら、次のステップは何でしょうか？

　次のステップとしてもっとも重要なことは、この授業案を「一つの手がかり」として使用することです。すなわち、その内容を再検討し、必要に応じて今回の関係者全員のニーズに合わせた指導案の中身を変更するのです。内容や体験学習に全体的な調整を加えることはかまいません。ただし、重要な考え方に関する言葉の使い方や例示した発問にはよく注意を払ってみてください。たとえば、トニー・アトウッド博士は、「シックスセンスⅡ」の授業の展開の中では、個別の診断について詳細に説明する必要はないと言っています。その代わりに、アトウッド博士は ASD をもつ同級生がどう感じているかということへの感覚を豊かにすることを強調しています。そのほかの変更としては、ある特定の子どもについて話をすることを避け、その代わりに、他の人と一緒に遊んだり勉強したりすることが難しいすべての児童生徒をどう手助けするかということに焦点をあてて授業を進めるということも可能です。ただしこの方法が問題なのは、指の間から水を漏らしていくようなもので、もともとの基本的な目的が損なわれてしまうように焦点をぼかしてしまうということです。そのような場合は、自分たちのクラスにいる ASD の友だちのためにどのように手助けする学習環境をつくりあげるかを考える機会を逃してしまうことになります。

　授業の指導案を具体化していくことに加えて、現実的に考慮すべき事柄を見落とさないようにすることが重要です。「シックスセンスⅡ」は、支援者チームが、「どんな」情報を盛り込むべきか、それを「どのように」授業であらわすか、ということを決定することには役立ちますが、「いつ」「どこで」行うかという点についてはどうでしょうか？　学校や学級の時間割というものはかなり複雑なものです。「シックスセンスⅡ」を実施するには子どもたちにかなり人気のある授業や学習活動と競合しない時間帯を選びましょう。こうすれば、児童生徒たちがそのとき「ほんとだったら別の授業でそっちのほうが楽しかったのに」という考えをもつことなく、確実にこの授業で与えられる課題に集中できることになります。また、クラスのリーダー的存在の子どもたちを含め、ほとんどの生徒たちがその授業に出席できるようなときを選ぶように努めましょう。それはときには難しいこともあるかもしれません。子どもたちはしばしば、さまざまな別の教育計画や教育活動を利用しているために教室にいないこともあるからです。たとえば特別支援教育や「飛び級クラス」の支援サービスを受けるために教室にいないことがあるのです。この

第３部 シックスセンスⅡ　93

授業のテーマは、学級全体に影響を与えるものですから、すべての児童生徒がこの授業を受けることが重要なことなのです。

ASD の生徒や学級全体に合わせた
「シックスセンスⅡ」の指導案を作成する場合に、
気をつけることがあったら教えてください。

「シックスセンスⅡ」という授業を一つの完成した服として想像してみると、そこにはいくつかの「縫い目」があります。その縫い目にそって、① ASD の生徒自身、そして②学級全体の子どもたち双方のニーズに合わせた変更によってその部分をつなぎ合わせていくのです。

● ASD の児童生徒のニーズ

ひとくちに自閉症といっても、その表れ方は自閉症という診断をもつ児童生徒たち一人ひとりで異なっています。そのため、この授業に含まれる情報を部分的に改変することが必要になってきます。まず、第一に、ASD だからといってソーシャルスキル（人づき合いの技術）のすべてに障害があるというわけではありません。つまり、授業で何を話すかということを決定する場合には、その児童生徒に固有な社会性の発達段階について考慮することが、親や専門家にとって重要なのです。その児童生徒の人づき合いの困難さにふれるときには、その児童生徒の社会的な長所についても、合わせて話すようにすべきです。たとえば、アンドリュース先生の４年生の生徒は、勉強のよくできる同級生のオースティンについて学ぶことになりました。彼が社会的なコミュニケーションの場面で挑戦していることについても、といった具合です。P 80 に説明した「認知のちがいについて相手の視点に立つ体験学習」のところでは、アンドリュース先生は、次のように話します。「他の皆さんと同じように、オースティンは、他の人が何を見たり聞いたりしているのかはわかるようになってきています」。そして、そのあとに、「親愛の情について相手の視点に立つ」という課題のところでは、アンドリュース先生は説明するのです。「これについては、オースティンはときどき難しいと感じている部分なのですよ」。

感覚刺激への情報処理における苦痛というのは、自閉症に頻繁にみられる要素であり、このことについて、学級全体で共通理解をすることは、ASD の

人の行動を理解するのには重要なことです。「どの段階で」その情報につい
て同級生たちに話をするのかということは、最初に思われるほど明確ではな
いかもしれません。たとえば、アンドリュース先生は、オースティンは音に
過敏であるということを学級の子どもたちに説明するのが重要だと決定する
とします。当初は、認知についての相手の視点に立つ課題（P80）のところ
で、この感覚の特異性について説明するのが理屈に合っていると思われまし
た。しかし、のちに、アンドリュース先生は考えを変え、「シックスセンスⅡ」
の授業の最初の部分では、まず、障害のない人の相手の視点に立つ能力につ
いて重点的に説明することにしました。その代わり、アンドリュース先生は、
授業の終わりのほうで、障害のない人たちの社会的認知についての話題から
オースティンにとって難しいことは何かということに焦点を移したところで、
オースティンの聴覚刺激への過敏さについてふれることに決めたのです。つ
まり、オースティンがチャイムやベルに非常に過敏に反応してしまうことな
どを引き合いに出し、学級のみんながどのようにオースティンを手助けする
ことができるか話し合うことができるように、授業を展開させる計画にした
のです。

●同級生たちのニーズ

　ASDをもつ児童生徒その人に合わせて「シックスセンスⅡ」を修正すると
いうのが、第1のステップです。そのほかの同級生に合わせて授業をつくり
変えるのは、2番めのステップということになります。「シックスセンスⅡ」
は2年生から6年生の子どもたちに適用可能なわけですが、その7歳と12歳
という年齢の間には「発達段階に応じた友だちづきあいの世界」が存在します。
8歳と10歳の間にさえそれぞれの世界があるのです。そこで、授業を聞く子
どもたちのことを知ることは、彼ら自身の日常的な対人経験について認識す
ることであり、そのことによって、子どもたちの興味関心は何かをつかむこ
とができるのです。

　指導者は、担任している子どもたちの社会的な発達段階についてつかんで
いるものです。そこで、「シックスセンスⅡ」という授業は、その情報を実際
に当てはめて活用するにはぴったりの題材であるといえるのです。たとえば、
「シックスセンスⅡ」を小学校低学年の子どもたちに実施してみたとします。
その場合、指導者は「考え方」を強調し、7歳や8歳の年齢の子どもたちの
経験に即した例を提供します。この年齢においては、「友だち」という概念は
「手伝ってくれたり、一緒に遊んだり、親切にしてくれる人」などというもの
であり、観察で見分けることのできる行動であり、そういった基本的な特性
そのものが定義を構成する要素となっています。

したがって、手助けを申し出ることや親切な行動というのはどういうものかを伝えながら指導者はその２年生の教室から自分が受けた「友情」の事例を引き出すことが可能です。

　その反対に、友だちとかかわりながらの遊び方や関係性がころころと移り変わりやすく、きちんと決めずに展開されていくような７歳児に対して、相手の友だちのために「いつも一緒にいる」というようなことをすすめても、それは生徒をとまどわせることになる可能性があります。子どもたちが理解できるような形で対人上の情報を提供することは、子どもたちの興味を高め、彼ら自身の経験を肯定するものであり、さらに、どんな行動が望まれるかを教えることになるのです。

　長年にわたる「シックスセンスⅡ」の経験では、非常に多くの効果的な成果を生んでいます。そのなかには、いくつかの予想外の結果も含まれています。対象であるASDの児童生徒のニーズに合わせて個別化する努力と同級生の子どもたちの発達段階を考慮したり思わぬ失敗をしないように入念に計画したにもかかわらず、非常に驚かされたことがありました。結局のところ、それは、子どもたちとともに解決されるべきなのだ、と学んだのです。予想外の成果の一つというのは、実は、この９年にわたってかなり頻繁に起こったことなので、ここで紹介しておこうと思います。

　「シックスセンスⅡ」の授業が終わる頃、子どもたちはグラウンドに遊びに行ったり、または、次の授業に行ったりします。そのあとには、たくさんの椅子がいっせいに引かれたり机を開けたり閉めたり、本が落ちたり、そのうえそういったことすべてに、子どもたちのおしゃべりがともなう、といった混乱した状況が続くと考えられます。そういった周囲の騒音がまったくなくなり、子どもたちが雲の子を散らすようにいなくなったあとに、静かに身じろぎもせず立っている子がいる——その子は黒板を指差しながらこう言うのです。「グレイ先生、先生は私のことを話してくれたんですね」。

　９年以上にもおよぶこの授業の経験の中での事例のうちの一つは、のちにその子が実際にASD児であることがわかりました。「シックスセンスⅡ」の授業が終わって私のところに来てそう言ったある子どもの場合は、のちになって正式に診断を受けたのです。しかし、たいていの場合には、正式なASDの診断につながるものではありません。私が子どもたちに説明する対人関係上の困難は、けっして自閉症スペクトラムが原因ではないなんらかの理由で、孤独だとか友だちがほしいと感じている子どもたちにとって、それは自分の抱えている問題だととらえられていたのだと、私は考えています。

この授業の中で自分自身の困難にも気がつく子どもたちに対しても、指導者は注意を払ったり気にかける必要があるでしょう。このような子どもたちの対人関係上の困難の程度を見極め、必要であれば支援を提供することのできる教育関係者に、そのことを知ってもらって気にかけてもらえるようにすることは重要なことです。ジェニソン教育委員会で、その役割を担う職種の人たちというと、その子の担任教師、スクールカウンセラー、校長、両親、そして、特別支援教育担当者になります。つまり、大事なことは、児童生徒の中には、『シックスセンス』の説明を聞くなかで、その子自身の体験のある側面に気がつく生徒もいるということです。

 **ASD をもつその児童生徒は、「シックスセンスⅡ」の授業中に、そこにいたほうがよいでしょうか？**

 私の経験では、その子が一緒に授業を受けた場合も、授業中別の場所にいて別の活動をしていた場合も、どちらの方法でもうまくいったことがをわかっています。この質問への答えには、その児童生徒の年齢や性格、クラス全体の特性、その子の社会的レベル、そして、保護者はどう希望しているかなどを含む、多くの要素が関係します。これらの要素については、授業実施前に、保護者や専門家の間で、また多くの場合は、本人も交えて十分な検討がなされるべきでしょう。そして最後には、保護者と本人の間で決定されるものです。

Q グレイ先生、あなたの意見では、誰がもっともこの「シックスセンスⅡ」を実施するのに適していると考えますか?

この7年間以上、私は多くの人たちが「シックスセンスⅡ」の授業案を、実施しているのを見てきましたが、その中心的役割は親や心理士や教師といった人たちです。その結果として、次のように考えるに至りました。「シックスセンスⅡ」を実施するのにもっとも適した人は、特に「シックスセンスⅡ」のその後長期間にわたる影響を考えると、通常学級の担任教師でしょう。この体験学習を指導することによって、通常学級の教師は、その教師自身がこのことをどう理解しているか、このことにどのような価値をおいているかということを示すことになります。反対に、「シックスセンスⅡ」を「外部講師」が実施すると、児童生徒たちにとっては見知らぬ人かもしれませんし、さらに重要なことは、この授業が終了したら、その人はいなくなるということです。その場合、この授業中に用いられる題材は、その教室をもとにしたものではなく、そして、その結果も教室のものになりません。さらに、外部講師は「その学級の文化や特性」についてほとんど知らないか、あるいは、授業を受ける学級の子どもたち一人ひとりに特有な状態についても知りません。このため、「シックスセンスⅡ」の中で配慮されるのは、通常学校の教育の専門職者には不足していることだけをつけ加えたうえで、わかりやすく実施しやすいようにと構成することにとどまってしまいます。

場合によっては、通常学校教育の教師は、ASDの専門家が一緒に「シックスセンスⅡ」の授業を手伝ってくれるほうがやりやすいと感じる場合があります。いくつかのことに気をつけさえすれば、このやり方もまた効果的であります。「外部講師」に来てもらう場合には、「シックスセンスⅡ」の授業中その場に担任教師も同席し、ともに積極的に参加し、学んできたことや、それが学級全体にとってどういう意味があるのかということについて、一緒に考える場合のリーダーを務めることなどが重要になります。校長も児童生徒たちと一緒に参加し学ぶこともあります。校長の参加は、①この授業がいかに重要なことかということを印象づけ、②子どもたちがここで学ぶ情報を、学校内で起きるすべての場面にあてはめようとする可能性が高まることにつながります。

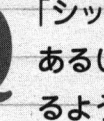 「シックスセンスⅡ」は7〜12歳という年齢の児童に
適しているということですが、就学前の子どもたちや
中学生にも似たような授業の必要性があります。
このような年齢の子どもたちに
ASDの級友を理解するという概念を教えていく場合に、
何か気をつけることはありますか？
「シックスセンスⅡ」の中学校版や高校版はありますか？

 現在では、「シックスセンスⅡ」の概念と同じものを、他の学年の子どもたち向けとしたような本がたくさん出ています。幼児向けには、自尊心や、相互に敬意を払うことや、いさかいを丸く収める力を育むためのすばらしい子どもの本が出版されています。対人関係上の情報を正しく教える子どもの本を注意深く探せば、数年前に比べて、よりたくさんのものが入手できるようになりつつあります。なかには、関連する諸活動の概要について記した短くてあまり高価でない親や教師のためのガイドブックがあるものもあります。こうした活動を通じて、子どもが自分の経験にあてはめて考えることのできる形で重要な友だちづきあいのうえでの概念について紹介しているのです。Free Spirit Publishing はこのような本を数多く出版しています。

最近、私が見つけたものは、『Knowing Me, Knowing You』（Espeland, 2001）という新しい本で、12歳から18歳を対象とし、自分の性格や他者とかかわる方法への自覚を促すものです。この本の中で紹介されている概念のほとんどが、「シックスセンスⅡ」の「上級編」とでもいうべきものです。この本は、児童生徒たちが自分自身の「好まれる友だちづきあいの方法」を決めるために活用する新しく作られた方法を紹介しています。

Q 「シックスセンスⅡ」の授業を実施したら、それで終わりですか？
あるいは、年間を通じて、ここで学んだ考え方について強化す
るような活動や手立てがありますか？

A 「シックスセンスⅡ」の授業でふれる考え方のほとんどが、なにもASDの生徒のためだけというわけではなく、実は、すべての子どもたちにとっても、前向きに受け入れてくれたりサポーティブであるような学級の雰囲気を生み

第3部 シックスセンスⅡ　99

出すために重要なことなのです。ちょうどそれは、その他さまざまな支援方法と合わせて ASD の子どもたちを教育するために、ソーシャルストーリーズが、子どもたちにとって受け入れられやすいのと同じように、「シックスセンス II」も、子どもたちが仲よくできる教室環境をつくりあげるために親や教師たちがはらうすべての努力を補うのに適しています。学級を前向きな雰囲気にもっていくために教師向けの、教材や本が幅広く出回っています。これに関して私たちがこれまでにつくったものの一つに「自己紹介ブック」というものがあります。

●自己紹介ブック

　自己紹介ブックというのは、学級のすべての子どもたちの「子ども名鑑」とでも呼べるようなものです。

　通常、児童生徒は見たり、聞いたりして、次第に同じ学級の子どもたちの好きな活動、好きなもの嫌いなもの、長所と短所などについて知るようになります。多くの理由から、ASD の子どもはこの情報、つまり、普通の子どもたちには簡単にわかるこのような友だちについての情報を得ることが難しいのです。もし、このことができなければ誰が自分と遊ぶのによい友だちかを見分けることができなくなります。

　ある ASD の子どもにとって 2 列目の 3 番目に座っている人の情報を自分で得ることが難しいとしても、もしわかりやすい様式にその情報が提示されていれば、その子どもはその情報を用い、理解することができるかもしれません。そのために「自己紹介ブック」を対人関係上の参考資料として、「休み時間に誰と遊ぶかリスト」をつくる必要が出てくるのです。

　ASD の子どものために情報を提供するだけではなく、「自己紹介ブック」は、実は他のすべての子どもたちにも役に立つものです。「今週の友だち紹介コーナー」に似ているのですが、児童生徒たちは、年間を通じて「自己紹介ブック」を情報源として、自分たちについての情報を共有し合うこともできます。この自己紹介ブックは、すべての児童生徒についての情報提供するもので、お互いに興味の似ている友だちに最初に接触するきっかけをもたらしてくれるかもしれません。

　たとえば、春休み明けに転校してきた新入生に、同級生が「ぼく、『自己紹介ブック』に君が前のテキサスの学校でサッカーをしていたと書いていたのを読んだよ。今日一緒にサッカーしようよ」などと話しかけたりします。また、得意な教科を書き込むことは自分の自信にもなりますし、全員がお互いを助け合うことができるという役割を強調することにもなります。もしジェイミーさんが詩を書くのが大の得意だとしたら、彼女は「詩を書く分野で他の人を

サポートしたい」と記入することもできるし、彼女自身も、その自己紹介ブックの中から算数の成績をあげてもらえる人を見つけることもできるわけです。

「自己紹介ブック」に含まれる情報は、教師や場合によっては子どもたちによって決められるものです。教師がページを構成してもよいし、あるいは、どんな項目を入れるのか学級会で子どもたち自身に話し合いをさせて決めることもよいかもしれません。

「自己紹介ブック」は授業中に記入させたり、あるいは保護者を巻き込んで宿題として記入させることもあります。記入済みの各自のページは、長期間の使用にも耐えられるように透明のビニール袋に入れて、全体はプラスチックカバーをつけて1冊のファイルとしてまとめます。

年間を通じて、この「自己紹介ブック」にいつも新たな関心をもたせ、また使用してもらうための方法として、①1週間に1回、交代で「自己紹介ブック」の表紙をつくり替える、②担任が授業中に特別な課題を与えたり答えを言わせたりする児童生徒をランダムに選ぶのに使用する。そのために、選ばれた児童生徒がわかるように、付箋をその児童生徒のページにつけるのもよい方法です。または、③授業参観に訪れた人が、学級の児童生徒たちのことを知るために見ることができるように手渡す（この場合、保護者の許可をおすすめします）、などがあります。

＊ 次のページには、記入していない「自己紹介ブック」の見本があります。実際に教室で実用する場合か、あるいは商業目的以外のグループの場合に限り、複製使用を許可します。

わたしの名前は、＿＿＿＿＿＿＿＿＿＿＿＿＿＿です。

＿＿＿＿＿歳です。たんじょう日は、＿＿＿＿月＿＿＿＿日です。

今年のたんじょうびは　＿＿＿＿＿＿＿曜日です。

これはわたしの写真です

これは、わたしがグラウンドで遊んでいるところの絵です。わたしは、＿＿＿＿＿＿＿＿＿＿で遊ぶのが好きです。

　わたしは、このクラスの重要な一員です。このクラスでは、お互いにいろいろなことでうまく助け合っています。

　わたしが一番好きな勉強は、＿＿＿＿＿＿＿＿＿＿＿です。

私にとって得意な教科は、＿＿＿＿＿＿＿＿＿＿＿＿です。

ほかの人のお手伝いができるかもしれない科目は、＿＿＿＿＿＿＿＿＿＿です。

クラスのほかの人たちの中には、わたしが苦手な科目を手伝ってくれることができるひとがいるかもしれません。

　わたしは、おうちの人に、わたしの性格をひと言でいうとどうなるか、聞いてみました。それは、＿＿＿＿＿＿＿＿＿＿＿＿＿＿でした。

　下校後や週末にやることで好きなことは、＿＿＿＿＿＿＿＿＿＿＿＿＿＿です。

　本や物語ですきなのを１つあげると ＿＿＿＿＿＿＿＿＿＿＿＿＿＿＿です。

　わたしの考えでは、映画／テレビで一番面白いのは＿＿＿＿＿＿＿＿＿＿＿です。

　　（次のどちらかに記入する）

　①うちにはペットがいます。＿＿＿＿＿＿＿＿＿です。名前は＿＿＿＿＿です。

　②うちにはペットはいません。いつかペットを飼うとしたら、＿＿＿＿＿がよいです。

　大人になったら、わたしは＿＿＿＿＿＿＿＿＿＿＿＿＿＿になりたいです。

そのほか、クラスのみんなにわたしについて知ってほしいことは、＿＿＿＿＿＿＿です。

総論

　本書の翻訳・出版の計画を立て準備をし、この後記を書き始めるまで、ほぼ15年以上の月日が経っています。私自身が障害表明の授業を展開し始めたのは、1993年、TEACCHへの留学から帰国した後からです。1992年から1年間ノースカロライナ大学TEACCHに留学した時、第2部で紹介した当時はアッシュビルTEACCHセンターのセラピストだったキャサリン・フェハティ女史の『友だち理解プログラム（UFP）』の授業に、何回も同行させていただきました。彼女の授業は指導案どおりの展開ではありますが、愛と優しさとユーモアに富み、どんな子どもたちもひきこまれていきました。5歳児から大学生、そして、学校の先生たちの職員研修でも、自閉症の理解のための具体的な実習研修として、このUFPはさまざまに工夫・アレンジされ実施されました。キャサリンは授業に参加する子どもたちの認知レベルに合わせた言葉選びの天才でもあり、本当に参考になりました。学校の教師として自閉症の児童生徒を担当したことがある、という共通点もあり、キャサリンと私は親友になりました。今もとても親しくしており、2002年以降、何度も佐賀にお招きしました。そして、私はキャサリンを通じて、キャロル・グレイの『シックスセンスⅡ』という指導案にも出会いました。

　キャロル・グレイと私はその前に出会っており、高機能の人たちのためのソーシャルストーリーズ™を彼女から学び、翻訳もしました。今、世界で9人と言われるソーシャルストーリーズの公認指導者に、キャサリンも私も名を連ねています。そのなかには、イギリスのアイリーン・アーノルド女史とマリー・ハウリー女史もいます。この2人ともTEACCHを通して出会いました。2人はイギリスでの実践をソーシャルストーリーズのイギリス向け解説本として出版しています。このすばらしい先生たちとともに、機能の高い自閉症の人たちがいつか遭遇する、告知と障害表明の必要性に

ついて、よく語り合ったものです。そのディスカッションを折々に繰り返していた時、『シックスセンスⅡ』が出版されたのです。

　96 年から毎年 TEACCH に戻って再研修を受けるようになっていた私は、キャサリンの『シックスセンスⅡ』の授業や UFP とシックスセンスⅡを組み合わせたような授業の研修も改めて行うことで、いつかこんな時代が日本にも来ると確信し、翻訳を決めたのです。しかし、文化背景が異なるから、自分で日本で取り組んでみることが先決だと考えて取り組んでいました。すると、子どもたちの力強い成長を垣間見たNHK が、私の障害表明授業を取り上げ、それからしばらくは国内では批判の嵐に見舞われました。しかし、一方で、自閉症スペクトラムの児童生徒はいじめのターゲットになりやすいということもわかっています。障害表明を軸とするクラスメートの心の教育の効果についても研究を進め、クラスメートの共感性と思いやり行動が向上する、という研究成果も発表しました（服巻 ,2012）。こうして、障害表明は、しっかりした価値観の下、大人が連携して入念な準備を行えば、本人とクラスメートの双方、そればかりでなくかかわる大人側にも心の成長の大きなきっかけになるということがわかってきました。いじめがこれほどの社会問題となり、また、高機能の人たちの成人になってからの診断が急増し、就労支援の問題も大きくなってきた今、本書の内容は出版を急ぐべきではないかという考え方も再燃してきて、ようやく出版にこぎつけることになりました。本書が出るまでにこんなにも長い時間がかかってしまったというわけです。

　一方、この間、欧米では、キャサリンの「友だち理解プログラム」やキャロルの「シックスセンスⅡ」をもとに、さまざまな授業展開案が出てきて、それぞれの事情に合う障害表明授業と心の教育が広がっています。そして、自己権利擁護スキルを高めるためにこれが用いられることがほとんどですし、自閉症スペクトラムの自己権利擁護スキル指導の考え方も非常に進んでいったのです。

真の自己認知支援とは、生き方支援である！

　本書で述べたように、障害表明は、その前の準備段階のプロセスが大変長く重要なものであり、その後の教育効果をも考慮した本人のための自己認知支援の一プロセスでしかありません。一プロセスといっても、自分が何者かを自覚した社会人として成長する重要なターニングポイントとなります。

　大人の多くが障害表明に反対するのですが、本文で述べたように、隠すこと・反対すること自体が本人の生き方や価値観や存在そのものへのネガティブな影響があり、本人を傷つけることになる、という重大なこと、そもそも、本人が自分のことを知り自分で決めていく権利を侵害していることを、私たち大人は認識していなければなりません。

　また一方で、成人支援の現場からは、自分の特性を知っているか冷静に助言を受けとめられるか、ということが、就労の成功の鍵であることも報告され、それが非常に重要なこととして認識され始めています。就労支援の会議や対策では、ほとんど、このことを抜きには語れない情勢ともなっているといえます。

　それなら、いつ本人に障害のことを告げ、一緒に考え、自分の人生を受け止め立ち向かっていくよう教えるべきなのでしょうか。そして、いつどのようにして、自分に自信をもち自尊心を高める教育支援を提供すべきなのでしょうか。

　私はもともと教育家ですから、出会った子どもたちとずっと人生をともに歩いて行く覚悟の下に仕事をしています。子どもたちの人生を命ある限り見守り続け、いつでも戻って来て相談できる場（アインシュタインクラブ＝ 1997 年にスタートした服巻主宰の本人活動）も用意しています。自分を知る、人生のさまざまな出来事に落ち着いて対処する、適切なタイミングで適切な人に援助要請をする、という就労支援で重要視されているポイントは、定型発達の若者たちにもそんなに簡単なことではありません。対人関係とコミュニケーションに障害のある自閉症スペクトラムの子どもたちなら、なおさら、それらを身につけるのに時間がかかり、ていねいなスモールステッ

総論　105

プと入念な準備による支援が必要なのです。

　筆者のこれまでの長い実践のなかで、多くの子どもたちがすでに成人しています。学齢期に本人告知し自己認知支援してきた子どもたちが、小学校あるいは中学校で障害表明をし、それを軸にまた新たな自己認知支援のスタートを仕切り直した生徒たちは、進学するたびに、学校の先生たちからも特別支援の合理的配慮を得てきました。大学生になると、自分で学生課や指導教官に話すということができるようになった生徒も何人もいます。第1部で少しだけ紹介した「アインシュタインクラブ」、それは、こういう子どもたちの本人活動ですが、そこでも定期的に「自閉症スペクトラム研究」と「定型発達研究」の時間を設けています。子どもたちと各自の自閉症の特性の違いを討議したり、感情コントロー方法について協議したりしています。いじめ体験について語り合うこともあります。そのなかで、障害表明をしながら成長した先輩だちが、これからの後輩たちに「障害表明をするということは、さらによりよい生き方ができるように自分をもっとみがいていくと宣言することと同じだよ。僕たちが何か悪いことをしたら、他のASDの人たちも悪者にされることになるから責任も発生するんだよ。まじめにやっていれば、必ず味方は増えていくよ。僕はそうだったよ」と、よく話してくれています。

　彼らの支援実践の中で、多くの進学先の教師陣から、「服巻先生のところで教育支援を受けてきた生徒たちは全然違う。教育の成果が明白で適応力が高い。助言を受け容れるので支援もしやすい」などといったコメントが寄せられ続けています。それは、彼ら自身が、自分の特性を見つめ、社会の中の自分の位置づけを確認し続け、そして、自分を信じて大切にしてくれる人たちの存在や友に出会っているからだといえると思います。真の自己認知支援とは、自閉症であることを知り自閉症の特性を学ぶ、というだけにとどまらず、自閉症のある自分を好きになる支援、そして、社会（家族や友だち）の中での自分の振る舞いを考え、それらの人達との絆をもち、自分の人生と他者の人生の双方を大切にしていく生き方ができるようにガイダンスを提供し、彼ら自身の自己決定の繰り返しのうえに、その人としての成長を果たしていくのだと思いま

す。それには時間がかかり、周囲との接触、そして、葛藤を経験していきつつ、そのなかで確かな価値観や生き方を獲得していくのだと考えています。その仕組みや仕かけ、ガイダンスや寄り添い方、そして、ずっと変わらずその子を見つめる温かな（多数の）まなざしが重要なのだと思います。

　すでに20余年の実践経験で、私は毎年いくつもの学校で障害表明の投げこみ単元授業をさせていただきました。小学校の進級時、そして、小学校から中学校への進学時にも移行支援のプロセスには欠かせないものです。毎年、年度末から年度はじめにかけ、特に3月〜5月は毎週あちこちの学校に、先生たちや保護者の方々との打ち合わせに出かけ、また授業もさせていただいています。近年、私の後輩たちもこの授業を展開できるようになり、佐賀県内の総数としては相当多くなっているのではないかと思います。

　そのため、保護者会の勉強会も活発になりました。子どもを見守る親の側の価値観や家庭生活経営、日々の声かけ接し方も大変重要です。お母さんたちへのガイダンスも欠かせないので、これはほぼ通年で毎年行っております。

　この原稿を書いているたった今も、ある5年生男子の障害表明の準備が進んでいます。この子どもは佐賀県の早期発見で早い時期に診断を受け、小1の時に本人への告知をし、それ以来、自己認知支援を継続的に受けてきました。はじめは、学校の人たちには知られたくないと本人は思っていました。次第に、担任の先生に話すのは仕方ない、という認識をもつようになっていました。去年、小4になってからは、まわりの友だちにもわかってもらって自分が感情コントロールをもう少しできるようになることや集団行動の点で友だちに手助けしてもらいたいと思うようになっていました。そして、小5の今、障害表明を自分で決断し、私のところに相談に来ました。最初電話をかけてきて、こう言いました。「服巻先生、ぼく、障害表明をすることに決めました。だから、準備のために相談に乗ってください！」と。本人は私に電話をかける

まで、何か月も自分で考え、本人活動グループで障害表明をした経験のある ASD の先輩たちの話も聞くなど、本人なりのリサーチもしていました。それから、この件に関して特別に私との個別セッションが始まりました。

　私はまず、覚悟のほどを彼に確認しました。表明をしても、誰もが理解者になってくれるわけではないし、理解したくないという人の自由意思も尊重すべきであることも話しました。彼はすでに先輩たちの話も聞いていたので、その点は納得していました。それでも障害表明をしたい理由は、やはり自分自身の対人スキルをアップするためにはまだ時間とプロセスがかかるので、その間、「みんなに変に思われたくない。自分には理由があって少し辛抱して自分の成長を待ってもらいたいんだ」ということでした。「わかってくれない人は仕方ないけど、わかってくれる人を増やしたい」のだと。自分の自閉症を公表すれば、授業中なぜ中座したり、保健室で休む必要があるのか、なぜこんな話し方で、慌てることもあるのか、など。「自閉症のためにこういうところがあって、自分でも努力しているんだよ」ということをちゃんと自分の言葉で言いたいと言うのです。

　保護者の方も、その彼の覚悟を知り、その精神のたくましさに圧倒され、本人が自分で決めたことを応援すべきだと思っておられました。「以前は、後ろ向きの考え方もいくらか持っていたけれど、本人の成長とともに親も成長しました。全力をあげてこの子を守っていくし立ち向かっていきます」とおっしゃいました。今後、3か月かけて、障害表明の準備をしていきます。個別セッションと、家族セッション、学校との話し合い、学校の先生たちの職員研修、そして、PTA への対応などがあり、準備に3か月はかかるのです。授業実施の日、この子どものお母さんは学年全体の保護者の方へ心をこめたお手紙を書かれ、それは先生たちの手によって、その日のうちに各家庭へ届けられました。この保護者から保護者への手紙は、私のどの実践例でも実施しています。先生たちも学級通信に書いてくださったり、校長先生たちも、子どもたちの集会での心の教育や、保護者会や PTA 新聞でも話題として取り上げてくださるなど、各大人がそれぞれの立場でそれぞれの役割を果たすことで、インクルージョン

におけるすべての子どもたちの心の教育を図っています。

　子どもに障害があるとわかり、その事実を受け止めるのは相当の心の葛藤があるでしょう。しかし、それを乗り越えた人々の表情の明るさや力強さには、いつも感動を覚え、また私も生きる力をもらったような神聖な気持ちになります。いのちはどんないのちも美しく力強く輝いています。彼らの尊厳は誰にも侵すことはできない。その尊厳を守るため、そして、主張するため、私もいつもそばにいて、全力をあげて応援し続けたいと思うのです。

自閉症スペクトラムのある皆さんへ
君たちに出会えて、私は本当に幸せ者だ。人として、人生のいろんなことをおしえて
くれてありがとう！

2015 年 1 月 10 日

服巻智子

編者

服巻　智子　Tomoko R. Haramaki

臨床発達心理士　TEACCH®上級コンサルタント　ソーシャルストリーズ日本語圏公認指導者　教育学修士

1992年米国ノースカロライナ大学 TEACCH 部留学。2000年英国バーミンガム大学自閉症学科留学。2011年4月から、肥前精神医療センターで研究員をしながら、佐賀大医学系大学院で研究生活を始める。

厚生労働省発達障害者支援施策検討委員、佐賀県特別支援教育専門家チーム、佐賀市発達障害支援施策アドバイザー、佐賀県発達障害者支援センター結顧問　大阪大学大学院 大阪大学、金沢大学、浜松医科大学、千葉大学、福井大学 連合小児発達学研究科 招聘教員

佐賀市在住

ブログ　　http://tomokoworkdiary.sagafan.jp/

HP　　http://tomokoharamaki.com/

第1部 執筆、第2部、第3部 翻訳

第2部　友だち理解プログラム

キャサリン・フェハティ　Catherine Faherty

ノースカロライナ大学 TEACCH 自閉症プログラムの元セラピスト兼トレーナー。 ソーシャルストーリーズ英語圏公認指導者の一人でもある。

現在は、フリーランスの ASD 支援コンサルタントとして活動し、執筆活動にワークショップ開催、ASD について精力的に社会啓発活動をしている。『Autism -What Does It Mean to Me?（自閉症って何のこと?）』『Death and Illness（病気とは?死とは?）』（どちらも邦訳版出版予定）等、ASD のある本 人向けのワークブック刊行多数。世界数十か国で翻訳されている。ノース スカロ ライナ州アッシュビル市在住。

HP　　http://catherinefaherty.com/

第3部　シックスセンスⅡ

キャロル・グレイ　Carol Gray

ソーシャル・ストーリーズ™とコミック会話という機能の高い ASD のための会話支 援法の開発者であり、グレイ・センターを主宰し、ASD の社会性 の発達研究を支 援している。『ASD のためのいじめ対処』『ソーシャルストーリーズ 10.1』等、著書多数。ミシガン州グランドラピッズ市在住。

自閉症スペクトラム　クラスメートに話すとき
授業での展開例から障害表明、そしてセルフアドボカシーまで

発行日　　2015 年 2 月 13 日　初版　第一刷 (3,000 部)

訳・編・著　　服巻智子
著　者　　キャサリン・フェハティ
　　　　　　キャロル・グレイ

発　行　　エンパワメント研究所
　　　　　　〒 176-0011　東京都練馬区豊玉上 2-24-1　スペース 96 内
　　　　　　　　　　　　TEL　03-3991-9600　FAX　03-3991-9634
　　　　　　　　　　　　https://www.space96.com
　　　　　　　　　　　　e-mail：qwk01077@nifty.com

編集・制作　七七舎　　装丁　石原雅彦
イラスト　　鈴木真理＜第 2 部＞　市川リンタロウ＜第 3 部＞

印　　刷　シナノ印刷 (株)

ISBN978-4-907576-34-9